PARLONS KUNA

Michel Malherbe

PARLONS KUNA

Une langue amérindienne du Panama

L'Harmattan
5-7, rue de l'École-Polytechnique ; 75005 Paris
FRANCE

L'Harmattan Hongrie
Könyvesbolt
Kossuth L. u. 14-16
1053 Budapest

Espace L'Harmattan Kinshasa
Fac..des Sc. Sociales, Pol. et
Adm. ; BP243, KIN XI
Université de Kinshasa – RDC

L'Harmattan Italia
Via Degli Artisti, 15
10124 Torino
ITALIE

L'Harmattan Burkina Faso
1200 logements villa 96
12B2260
Ouagadougou 12

www.librairieharmattan.com
diffusion.harmattan@wanadoo.fr
harmattan1@wanadoo.fr

ISBN : 2-296-01518-2
EAN : 9782296015180

Publications du même auteur :

Les langages de l'humanité, chez Robert Laffont; collection Bouquins ; édition en italien chez Sugarco.
Les religions de l'humanité chez Critérion en 1992, édition de poche dans la collection Pluriel chez Hachette; édition en polonais chez Znak (Cracovie, 1995); édition en russe chez Roudomino (Moscou, 1997); édition en persan chez Nashr-é-Nay (Téhéran, 2001)
Les musiques de l'humanité, en collaboration avec Amaury Rosa de Poullois, chez Critérion en 1996.
Les philosophies de l'humanité, en collaboration avec Philippe Gaudin, aux éditions de Bartillat en 1999 ; édition en portugais à l'Instituto Piaget, Lisbonne, en 2001.
Répertoire simplifié des langues africaines, aux éditions de l'Harmattan en 2000.
Les cultures de l'humanité, aux éditions du Rocher en 2000
Religions, aux éditions Nathan dans la collection *Repères pratiques* en 2001.
Les lieux à dénominations multiples, aux éditions du Rocher en 2002.
Encyclopédie des religions, aux éditions Fleurus en 2005

Il dirige la collection "***Parlons...***" aux éditions de l'Harmattan. Plus de cent titres ont été publiés, une centaine d'autres sont en préparation. Il est lui-même auteur ou coauteur de ***Parlons coréen***, ***Parlons géorgien***, ***Parlons hongrois***, ***Parlons maori, Parlons massaï***, ***Parlons ourdou***, ***Parlons tuvaluan*** et ***Parlons wolof***.

Parlons...

Collection dirigée par Michel Malherbe

Dernières parutions

Parlons boulou, Marie-Rose ABOMO-MAURIN, 2006.
Parlons komi, Yves AVRIL, 2006.
Parlons zarma, Sandra BORNAND, 2006.
Parlons citumbuka, P. J. KISHINDO et A. L. LIPENGA, 2006.
Parlons mordve, Ksenija DJORDJEVIC et Jean-Léo LEONARD, 2006.
Parlons lissou, William DESSAINT, Avòunado NGWÂMA, 2006.
Parlons tuvaluan, Michel MALHERBE, 2005.
Parlons kouy, Jacques RONGIER, 2005.
Parlons koulango, Kouakou Appoh Enoc Kra, 2005.
Parlons karatchay-balkar, Saodat DONIYOROVA et Chodiyor DONIYOROV, 2005.
Parlons slovène, Mojca SCHLAMBERGER BREZAR, Vladimir POGACNIK et Gregor PERKO, 2005.
Parlons mashi, Constantin BASHI MURHI-ORHAKUBE, 2005.
Parlons massaï, Grace MESOPIRR SICARD et Michel MALHERBE, 2005.
Parlons vili, Gervais LOËMBE, 2005.
Parlons ciyawo, P. J. KISHINDO et A. L. LIPENGA, 2005.
Parlons afrikaans, Jaco ALANT, 2004.
Parlons Ewé, Jacques RONGIER, 2004.
Parlons bété, Raymond ZOGBO, 2004
Parlons baoulé, Jérémie KOUADIO N'GUESSAN, Kouakou KOUAME, 2004.
Parlons minangkabau, Rusmidar REIBAUD, 2004.
Parlons afar, Mohamed Hassan Kamil, 2004.
Parlons mooré, Bernard ZONGO, 2004.
Parlons soso, Aboubacar TOURÉ, 2004.
Parlons koumyk, Saodat DONIYOROVA, 2004
Parlons kirghiz, Rémy DOR, 2004.
Parlons luxembourgeois, François SCHANEN, 2004.

Table des matières

Introduction

Destination phare du tourisme au Panama, le pays kuna commence à être célèbre mais il est encore peu visité.
Le peuple kuna habite la côte atlantique orientale du Panama, principalement dans les charmantes îles San Blas qui la bordent. Les Kunas bénéficient d'une large autonomie de gestion, acquise de haute lutte. Dès 1938 fut créée une Région kuna (**Comarca Kuna Yala**, en espagnol), la loi 17 de 1953 définit les prérogatives de l'autorité locale et la loi fondamentale de la Comarca Kuna Yala, comprenant 13 chapitres et 77 articles a été promulgée le 15 juin 1995. La superficie de cette région est de 3.206 km^2. Sa forme est très allongée : environ 226 km de long pour une largeur qui peut n'avoir qu'une dizaine de kilomètres. La forêt couvre près de 90% de la surface de la région et le point culminant s'élève à 850 mètres. On dit que les îles sont aussi nombreuses que les jours de l'année, 365, mais il s'agit souvent de simples îlots inhabités ou de récifs. Une quarantaine de communautés kunas vivent regroupées sur ces îles. Seule une dizaine d'entre elles sont sur le continent. Il n'existe aucune route bitumée qui desserve le pays kuna. En revanche, de petits avions (Icelander et Twin Otter) des compagnies Air Panama et Aero Perlas se posent sur une dizaine de pistes réparties tout le long de la côte.
En 1950, on évaluait à environ 20.000 le nombre de locuteurs de kuna mais au recensement de 1990, ils étaient 47.290. Depuis lors, la population a nettement augmenté par suite d'une forte natalité et de meilleures conditions sanitaires. On peut penser que ses effectifs dépassent les 50.000 en Kuna Yala, auxquels s'ajoute près d'une vingtaine de milliers de Kunas établis dans la capitale ou à Colon et quelque 3.000 sur la côte du Pacifique. Environ un millier de Kunas vivent en Colombie où ils occupent un territoire de 7.500 ha sur le

golfe de Urabá. Les Kunas de Panama connaissent leur existence mais n'ont que peu de rapports avec eux.

L'activité traditionnelle des Kunas est la pêche, la chasse et l'agriculture. Les ressources de langoustes, encore récemment abondantes, sont très menacées de surexploitation depuis que les lignes aériennes en font l'expédition sur les marchés de Panama.

Le tourisme repose sur un seul hôtel (lodge Sapibenega, sur l'île d'Iskardup) près de *Playon chico* et sur la location de petits bateaux de croisière. Un règlement, adopté en 1996 par le Congrès général kuna réuni à Achutupu, a fixé les normes du développement touristique et de la protection de la nature. En particulier, aucun étranger au peuple kuna ne peut posséder de terre, ce qui protège le pays de la prolifération d'hôtels. Un complément appréciable de ressources est apporté par la vente des mola, pièces de tissu typiques (voir le chapitre sur la culture), qu'on trouve non seulement sur place mais aussi à tous les coins de rues de la capitale et à l'étranger.

Carte du Panama

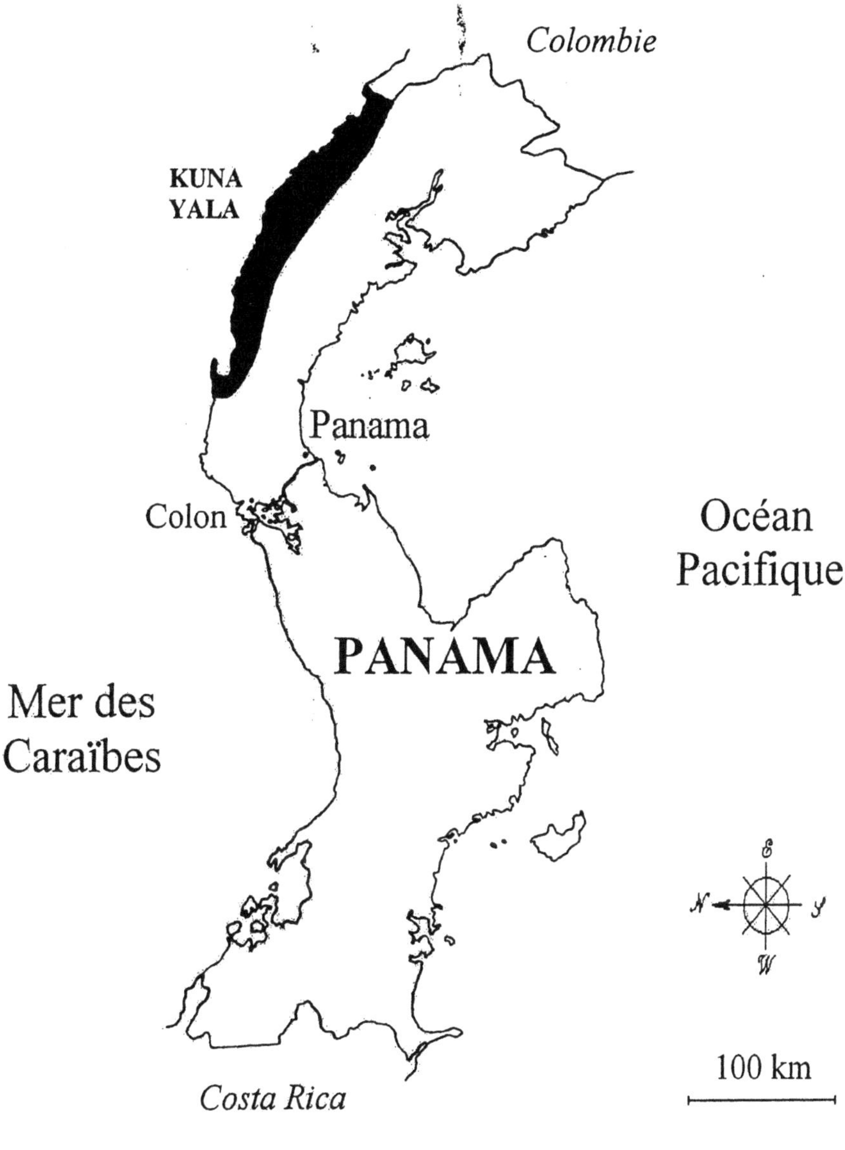

Carte du Kuna Yala

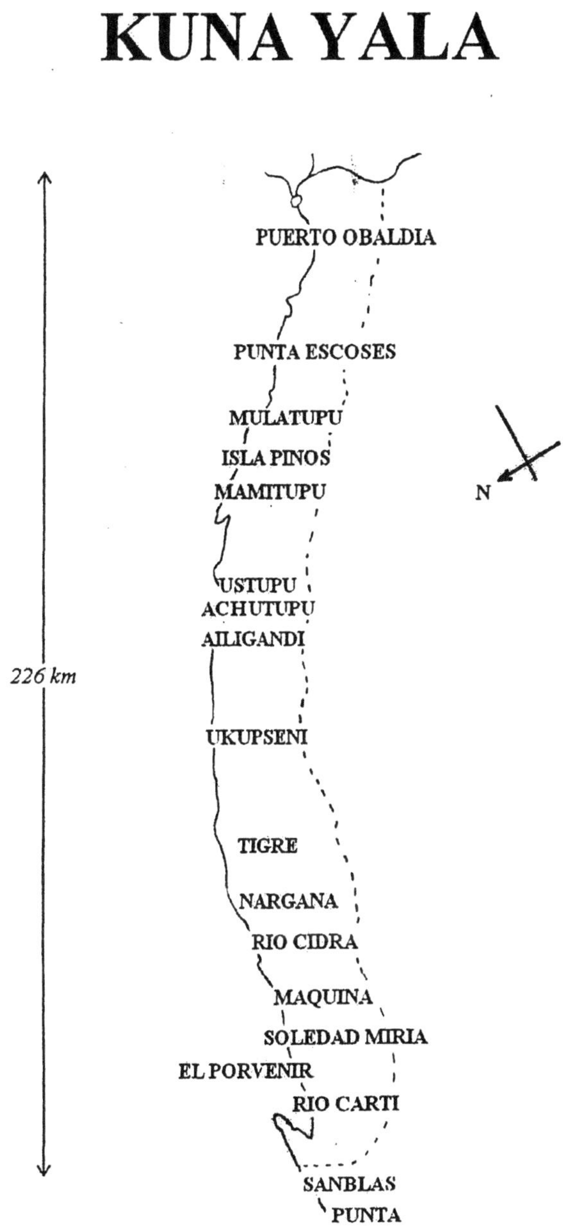

Première partie :

Description de la langue

Il subsiste encore au Panama sept langues amérindiennes, la plupart de la famille chibcha. Cette famille s'étend au Nord jusqu'au Costa Rica et couvre, au Sud, pratiquement toute la Colombie et une partie de l'Equateur. Parmi les langues chibcha du Panama, la plus importante numériquement est celle des Guaymi (ou Ngobe) qui comptaient, lors du dernier recensement de 1990, 123.000 âmes sur un total de 225.373 Amérindiens, soit 10% environ de la population du Panama. Les Kunas arrivent en deuxième position avec 40.864 personnes, à la même époque. Les autres groupes ethniques du Panama sont les Choco (16.000 personnes) de la famille caraïbe qui parlent l'embera (pour 14.000 d'entre eux) ou le wunaan (pour les 2.000 autres), les Buglé, les Nasos (ou Teribé) et les Bribri, ces trois derniers de la famille chibcha.

Les Kunas (prononcer *kouna*) désignent les Amérindiens, et donc eux-mêmes, du nom de **dule** (ou **tule**, prononcé *doulé* ; pluriel : **dulegan**). Ils appellent leur langue **dulegaya** (ou **tule kaya**), le terme **kaya** signifiant aussi bien *langue* (langage) que *parole* et *ouverture de la bouche*.

La langue kuna présente une grande unité. Il n'existe que de légères différences de prononciation d'une extrémité à l'autre du domaine (parlers de San Blas, de Bayano et de Paya) mais l'intercompréhension ne pose pas de problème. Cependant, la langue présente des variantes de styles de discours selon les circonstances ou le statut social. On distingue la langue rituelle des chefs, ou langue de Dieu, **sahila kaya**, la langue des fétiches-chamans, **suar nuchu kaya**, celle des narrateurs, **kantule kaya**, ou celle des femmes, **ome kaya**.

Les langues chibcha

Les langues chibcha sont supposées avoir des caractéristiques communes mais elles sont bien plus différentes entre elles que les langues romanes par exemple. Cet encadré compare quelques mots, choisis pour leur caractère courant et leur simplicité, des deux langues chibcha les plus importantes du Panama, le guaymi et le kuna :

français	guaymi	kuna
aimer	uogré	sabgue
arbre	cri	sapi
chien	mugró	achu
eau	ñió	di
feu	coguiré	so
fils	tigobó	mimmi
fruit	cribugó	sapiturba
homme	nienaguna	macheret
indien	nigobé	dule
langue	tidró	kuabin
lumière	nutrá	kuallu
lune	zoho	ni
maison	jú	nega
main	quieré	argan
manger	morore	mas kunne
mère	tinae	nana
montagne	guieguó	yala
plage	crú	ukup
pierre	jó	akwa
sel	meré	balu
soleil	nonó	dada
tête	dio	nono

Prononciation et écriture

Le kuna, langue non tonale, n'offre pas de grandes difficultés de prononciation. L'accent se place habituellement sur la première syllabe et se conserve dans les nombreux mots composés. L'alphabet est latin, la prononciation des lettres étant celle de l'espagnol : le **g** a toujours un son dur comme dans *gamin* (jamais comme dans *girafe*) et le **u** se prononce *ou*. Cependant les lettres **c**, **q**, **v** et **z** ne sont pas employées, tandis que le double **l** ne se prononce pas comme en espagnol mais bien comme deux **l** distincts. En matière de ponctuation, on a adopté l'usage espagnol des points d'exclamation et d'interrogation renversés au début des phrases.
Compte tenu des légères différences de prononciation d'un bout à l'autre du territoire, il subsiste des ambiguïtés orthographiques que la création relativement récente, dans les années 1970, d'une Académie de la langue kuna n'a pas encore permis de faire disparaître. Ainsi, on peut trouver des voyelles redoublées pour marquer qu'elles sont allongées. De plus, le **b** et le **p** sont souvent interchangeables de même que le **d** et le **t**, le **g** et le **k**, le **l** et le **r**, le **u** et le **w**. Nous recommandons au lecteur qui cherche un mot dans le lexique de penser à ces éventuelles variantes orthographiques.
Une autre particularité importante de la prononciation du kuna consiste en une sorte de téléscopage des syllabes : quand la dernière syllabe d'un mot est suivie d'un suffixe ou d'un autre mot pour former un mot composé, cette syllabe peut se trouver élidée totalement ou partiellement. L'oreille doit s'habituer à ces modifications phonétiques que nous aurons l'occasion de signaler plus loin à de nombreuses reprises. Notons aussi que la voyelle finale d'un mot est rarement prononcée, quoiqu'elle figure généralement dans les lexiques. Ainsi, **nega**, *maison*, est le plus souvent prononcé et écrit simplement **neg** (parfois même **nei**).

Le groupe nominal

Les noms n'ont ni genre ni article. S'il faut préciser le genre féminin (femelle d'un animal par exemple), on ajoutera le mot **ome**, *femme*.
Les noms ne prennent un suffixe du pluriel que dans la mesure où c'est nécessaire à la compréhension. Ce suffixe a deux formes **-mar / -mal** et **-gan / -kan**. Si le sens est clair, on ne marque pas le pluriel : **be tutu uysa**, *tu as donné des fleurs*, où **tutu** reste au singulier.

L'adjectif
L'adjectif épithète est toujours placé après le nom et il est invariable.
Pour former le comparatif, on place le préfixe **bur- / pur-** avant l'adjectif : **burnuedi**, *meilleur* ; **burniba**, *plus haut*.
Pour former le superlatif absolu, on fait généralement appel au suffixe -(**e**)**rba** (voir plus loin, les suffixes). Ainsi, **uila**, *profond*, donne **uirba**, *très profond*.

Les postpositions et les suffixes
Le kuna n'a pas de prépositions mais des postpositions. Plus généralement, il emploie une grande quantité de suffixes pour exprimer toutes les nuances du discours, y compris des conjonctions ou des adverbes. En voici une liste :

-ba	*par* (moyen) / *à* (direction) / *en* (langue)
-bie	*avoir envie de / désirer*
-bo	*avec*
-d	pronom relatif
-dibe	*si* (conditionnel)
-dina	*et* (dans les questions seulement)
-erba / -irba	*beaucoup*
-ergebe	*avoir à / devoir* (faire) / *falloir*

-gad / gadi	génitif
-gal / -ga	datif
-ge	infinitif
-gi / -gine / -kine	*dans*
-gua	diminutif
-lege	pronom réfléchi
-mala	*avec*
-olo	diminutif
-se	accusatif / dans l'intervalle de
-sik	*vers*
-una	*pour*
-ye	superlatif / *toujours*
-yob	*comme*

Le kuna emploie constamment ces suffixes. Nous présenterons des exemples après la description du verbe car bon nombre d'entre eux s'appliquent à des verbes.

Les pronoms

Les pronoms personnels du kuna sont simples et réguliers. Ce sont :

an, *je* ; **be**, *tu* et **we**, *il* ou *elle*.

Leur pluriel se forme avec le suffixe **-mar** d'où :

anmar, *nous* ; **bemar**, *vous*, et **wemar**, *ils* ou *elles*.

Ils peuvent prendre les mêmes suffixes que les noms.

Les pronoms personnels, placés avant un nom, jouent le rôle d'adjectifs possessifs ; **we** peut aussi servir de démonstratif. Exemple : **we dupu** peut se traduire, selon le contexte, par *son île* ou *cette île*. Il peut donc se trouver des cas où **we** a les deux rôles. Dans la phrase **we e nega**, *c'est sa maison*, **we** a valeur de démonstratif tandis que **e** (forme raccourcie de **we** utilisée pour des raisons d'euphonie) a valeur de possessif. Mot à mot, on peut dire : *cela sa maison*.

Le verbe

Les verbes se conjuguent selon le temps, présent, passé ou futur. Leur voyelle finale est **-a** ou **-e**.
Par exemple, le verbe régulier, **nika**, *avoir*, terminé en **-a**, donne au passé **nikusa** et au futur **nikuoe**.
On dira donc **an nika**, *j'ai* ; **wemar nika**, *ils* (ou *elles*) *ont* ; **be nikusa**, *tu avais* ; **anmar nikusa**, *nous avions* ; **bemar nikuoe**, *vous aurez* etc.
Les verbes réguliers dont la dernière syllabe est en **-e** fonctionnent sur le même principe. Par exemple, avec **narmake**, *écrire*, qui a pour passé **narmaisa** et pour futur **narmakoe**, on aura :
be narmake, *tu écris* ; **anmar marmake**, *nous écrivons* ; **an narmaisa**, *j'écrivais* ; **we narmaisa**, *il écrivait* ; **be narmakoe**, *tu écriras* ; **wemar narmakoe**, *elles* (ou *ils*) *écriront* etc.
D'une façon générale, le passé des verbes se termine presque toujours en **-sa** et leur futur en **-oe**.

Le verbe *être* en kuna
Le kuna, plus riche encore que l'espagnol dans ce domaine, dispose de 5 verbes qui peuvent correspondre à *être* en français. Ce sont :

être (état)	**gue (gusa ; guoe)**
être (se trouver)	**1- si (siguisa ; sioe)**
	2- kuichi (kuisgusa ; kuisgoe)
	3- mai (megisa ; megoe)
	4- nai (naina ; nainoe)

Les formes entre parenthèses sont le passé et le futur. Toutefois, l'emploi du verbe *être* ne s'impose pas lorsque le sens est clair. On dira, par exemple : **¿ be doa ?** *qui es-tu* ?, soit simplement *toi qui* ?

D'ailleurs, le verbe **gue** ne s'emploie pas au présent. Ainsi pour dire *je suis pêcheur*, on dira **an ua soed** (mot à mot : moi poisson preneur). L'absence du verbe *être* peut amener des confusions, le sujet **an** pouvant aussi avoir valeur d'adjectif possessif (*mon, ma, mes*). Dans l'exemple choisi, il n'y a pas de risque car le sens ne peut être *mon poisson preneur*. En revanche **an nan** pourrait signifier aussi bien *ma mère* que *je suis mère.* Pour éviter cette ambiguïté, l'attribut du verbe porte alors le suffixe **-ga**, qui forme normalement le datif. Au passé et au futur, les formes **gusa** et **guoe** sont employées mais **gusa** traduit un passé indéfini et il existe une autre forme, le suffixe **-na**, qui rend le passé imperfectif, c'est à dire notre imparfait.

Exemples avec le mot **maestro**, *maître d'école*, emprunté à l'espagnol : **an maestroga**, *je suis instituteur* (**an maestro**, signifie *mon instituteur*) ; **an maestroga gusa**, *j'ai été instituteur* ; **an maestrona**, *j'étais instituteur.*

De même, avec le verbe **bukua**, *avoir*, on aura, par exemple, **we bukuana**, *il avait.*

Les quatre variantes du verbe *être* dans le sens de *se trouver* correspondent à des nuances précises : **kuichi** s'emploie si le sujet est debout ; **si** s'emploie si le sujet est assis (aussi pour dire où est située une maison : **¿ bia iglesia si ?** *où est l'église* ?) ; **mai** s'emploie s'il est couché et **nai** s'il se déplace ou exécute une action. Précisons que **mai** traduit aussi le verbe *habiter.*

Verbes auxiliaires et Formes progressives

Les quatre verbes *être* que nous venons de voir servent d'auxiliaires pour établir des formes progressives. L'auxiliaire est choisi, comme nous l'avons vu, en fonction de la position du sujet (debout, assis, couché ou en mouvement).

Voici les formes que prennent ces quatre verbes auxiliaires au présent, au passé et au futur :

kuichi donne **kuichina** au passé et **kuichiguoe** au futur
si donne **sina** au passé et **siguoe** au futur
mai donne **maina** au passé et **maiguoe** au futur
nai donne **naina** au passé et **naiguoe** au futur

Pour former la forme progressive d'un verbe, par exemple **uke**, *donner*, on se contente d'ajouter au verbe l'auxiliaire choisi convenablement :

an uke kuichi, *je suis en train de donner* (si je suis debout)
be uke kuichina, *tu étais en train de donner*
we uke kuichiguoe, *il était en train de donner*

Dans la conversation courante, le phénomène de télescopage, que nous avons signalé à propos de la prononciation, conduit à élider fréquemment la dernière syllabe du verbe principal :

an u'kuichi, *je suis en train de donner* (si je suis debout)
be u'kuichina, *tu étais en train de donner*
we u'kuichiguoe, *il était en train de donner*

La construction reste la même avec un autre verbe auxiliaire. Par exemple :

we arbanai, *il est en train de travailler* (on emploie **nai** car le sujet est évidemment en action). On dit aussi : **di winai**, *il pleut.*

¿ doa be abito'si ? *qui es-tu en train d'attendre* ? (le sujet est assis). On notera que le **-ge** final du verbe **abitoge**, *attendre*, a été élidé.

dula'mai, *il est vivant*, ici on emploie **mai** car l'état de santé inquiétant implique que le sujet soit couché.

Rappelons que le verbe, simple ou affecté d'un auxiliaire, reste invariable quel que soit le sujet. Toutefois, le verbe peut, si c'est nécessaire, notamment s'il n'y a pas de sujet qui exprime le pluriel, recevoir la désinence du pluriel.
Exemple :
sunmaisamala, *ils parlaient*
mor uymala, *ils / elles vendent des mola*
nodmaloe, *ils partiront* (de **nodoe**, futur de **noe**, *partir*).
Dans ce dernier exemple, on constate que le suffixe du pluriel, **mal**, se place avant celui du futur **-oe**.

L'impératif
En dehors de l'intonation, il n'existe pas de forme grammaticale pour exprimer l'impératif : on emploie le présent de l'indicatif. Par exemple, **anmar neise nae** signifie aussi bien *allons à la maison* que *nous allons à la maison.* La marque du pluriel peut s'appliquer au verbe si le pronom n'est pas exprimé : **namarsi**, *allons* ou *nous allons* (le **si** final est la marque du continu et le **e** du verbe **nae**, *aller*, disparaît pour des raisons phonétiques).
L'ambiguïté entre le présent et l'impératif ne peut être levée que par le contexte :
an bendake, *j'aide* ou *aide-moi*

Parfois cependant, une voyelle **o** est entendue au lieu de **e** à la fin de l'impératif : **anga sogo**, *dis-moi* (au lieu de **soge**); **telefonoba anse golo**, *appelle-moi au téléphone.* (au lieu de **gole**)

Les formes négatives

La négation la plus générale est **suli** qui se place habituellement après le verbe, le complément d'objet pouvant avoir une place variable, par exemple avant le verbe :

an nei nika suli, *je n'ai pas de maison*

anmar ua sonao suli, *nous n'irons pas pêcher*

La négation **suli**, selon les habitudes de la phonétique kuna, peut entraîner l'élision de la voyelle précédente : **di wio suli**, *il ne pleuvra pas* (au lieu de **di wioe suli**).

Cependant, il y a d'autres mots qui expriment la négation. Pour l'impératif négatif, on emploie **melle / mer** :

melle nao, *ne va pas*

mer bai itogo, *ne te préoccupe pas*

D'autres formes négatives font appel au verbe **akue**, *cela ne convient pas / manquer de*, qui se rencontre le plus souvent sous la forme **aku** comme dans les phrases :

aku an itoge, *je ne comprends pas*

aku an be dake, *je ne te connais pas*

Un autre emploi de **aku** correspond au préfixe négatif français *in-*, par exemple : **aku itolege**, *incompréhensible*

Enfin certains mots ou verbes ont un sens purement négatif et s'emploient à la place du verbe mis à la forme négative :

sate *il n'y a pas* (et non pas **nika suli**, négation du verbe **nika**, *avoir*, *il y a*).

De même : **yapa / yappa**, *ne pas aimer* (suivi exclusivement d'un verbe) ou **wichuli**, *ignorer*, qui donne la forme courante mais irrégulière **wichurmo**, *je ne sais pas.* Ce verbe s'emploie aussi dans le sens de *ne pas avoir l'habitude* comme dans **an ka wichur kunne**, *je n'ai pas l'habitude de manger du piment*, *je ne prends pas de piment.*

Enfin, pour rendre l'expression *ne...plus*, le kuna emploie la locution **bar...suli**.

Exemples :
bar an ua sonao suli, *je n'irai plus pêcher*
bar nao'surmala, *ils n'iront plus*
Dans cette dernière phrase, on constate que le verbe porte la marque du pluriel (**mala**) et que **suli** se retrouve au milieu du groupe verbal (-**sur**-)

Verbes transitifs et intransitifs / le passif
Souvent on trouve un couple de verbes, l'un avec le préfixe **o-**, l'autre sans. Ce préfixe a pour effet de rendre le verbe transitif. Par exemple **onugue** signifie *soigner* tandis que **nugue** a pour sens *être guéri*. Bien d'autres couples de verbes peuvent être cités :
odurdake, *enseigner* et **durdake**, *apprendre*
ogabe, *endormir* et **gabe**, *dormir*
oguaye, *effrayer* et **guaye**, *avoir peur*
Parfois, il peut apparaître un léger changement de sens ou un petit changement phonétique. Par exemple, au verbe **gole**, *appeler* (transitif), correspond **ogole**, *jouer d'un instrument*, d'où **argan ogole**, *applaudir* (jouer de la main).
Comme exemples de légers changements phonétiques, citons :
odake, *réveiller* (transitif), qui correspond à **attake** (intransitif), *se réveiller* ; **osie** *asseoir* (transitif) qui correspond à **sige** *s'asseoir* (intransitif) ou **odege**, *baisser* (transitif), qui correspond à **aidege**, *descendre* (intransitif).
Exceptionnellement, le passage du verbe intransitif au verbe transitif ne s'effectue pas en ajoutant le préfixe mais en modifiant la syllabe initiale : **argae**, *s'ouvrir* (intransitif) correspond à **egae**, *ouvrir* (transitif).
Un autre procédé pour passer d'un verbe transitif à un verbe intransitif consiste à introduire la syllabe **-le-** (infixe) avant la terminaison du verbe **-ke** / **-ge**. Par exemple, le verbe transitif **sarsoge**, *frapper*, donne le verbe intransitif **sarsolege**, *être frappé*. D'une certaine façon, on peut dire que c'est une

manière de rendre un passif français. Ainsi, on dira : **sike**, *couper*, et **siylege**, *être coupé* ; de même **mag itoge**, *comprendre*, donnera **mag itolege**, *compréhensible*.

Autres formes verbales

Une forme verbale très répandue comporte une terminaison en **-ed** (plus rarement en **-ad**). Parfois, elle peut se traduire par un infinitif ou parfois encore par une proposition relative (voir le paragraphe sur l'emploi des suffixes). Comme toujours, cette forme est invariable en ce qui concerne les personnes, mais elle peut prendre le suffixe du pluriel :

¿ doa neise mas kunnadmala ? *dans la maison de qui sont-ils allés manger* ?

Signalons aussi que le kuna forme volontiers des verbes composés de deux racines verbales juxtaposées, introduisant ainsi une nuance nouvelle. Par exemple, dans la question :

¿ igi mor dailenanae ? *comment aller voir des mola* ? on constate la juxtaposition du radical des verbes **dake**, *voir*, et **nanae**, *marcher*.

Dans l'expression : **barmidago**, *envoyez*, le verbe **barmie,** *envoyer*, est précisé par le verbe **dake**, *voir*, un peu comme on dirait en français *veillez à m'envoyer*. La terminaison **o** est celle de l'impératif.

Emploi des suffixes

Le suffixe : **-ale** forme des participes passés.

Exemples : **edie**, *fermer*, donne **ediale**, *fermé* ; **ottukue**, *cacher*, donne **otukuale**, *caché* etc.

Le suffixe : **-ba** (**-pa** ; **-paka**) rend les prépositions françaises *par* (moyen) / *à* (direction) / *en* (langue). Exemples :

kukualeba an naoe, *j'irai en avion*

bemar Panamaba naoe, *vous irez à Panama*

wakayaba (españolba) sunmake, *parlez espagnol*,

Le suffixe : **-bie** signifie *avoir envie de / désirer*. Il se place après un verbe qui peut, de ce fait, voir altérer sa finale. Notamment, les verbes terminés en **-ke**, voient cette terminaison transformée en **-i**. Par exemple :
durdake, *apprendre*, donne **durdaibie**, *vouloir apprendre*
sunmake, *parler*, donne **sunmaibie**, *vouloir parler*
nae, *aller*, donne **nabie**, *vouloir aller*

Le suffixe : **-bo / -bogua** rend la préposition française *avec*. Exemple :
bebo, *avec vous*
¿ doabo ? *avec qui*?

Le suffixe : **-d / -t** joue le rôle d'un pronom relatif, ce qui revient bien souvent à former des noms verbaux à partir d'un verbe (celui *qui vend* est un *vendeur* ; ce *qu'on boit* est une *boisson* etc.). Par exemple, *boire* (**gobe**) donne *boisson* (**gobet** / **gopet**). De même, on aura :
A partir du verbe **tue**, *cuisiner*, **mas tued**, *celle* (*celui*) *qui cuisine*, *cuisinière* ; ou bien encore, à partir du verbe **uke**, *donner* ou *vendre*, **immar uked**, *vendeur* / *vendeuse* (qui donne des choses) ; la case commune où l'on se réunit s'appelle **onmaket nega**, qui, si l'on veut faire apparaître un relatif, peut se traduire *qui-réunit maison.*

Le suffixe : **-dibe** peut se traduire par *si* et apparaît dans les propositions conditionnelles. Exemple :
di wiardibe, *s'il pleut*
di wi'surdibe, *s'il ne pleut pas*

Le suffixe : **-dina**, *et* (dans les questions seulement).
Exemples :
¿ andina ? *et moi* ?
¿ bedina ? *et toi* ?
¿ be nandina ? *et ta mère* ?
¿emikindina ? *et maintenant* ?

Le suffixe : **-erba / -irba / -rba** signifie *beaucoup* et forme des superlatifs :
aitiki, *lourd*, donne **aitikirba**, *très lourd*
nika, *avoir*, donne **nikarba**, *abondant* (qui a beaucoup)
uila, *profond*, donne **uirba**, *très profond.*

Le suffixe : **-ergebe**, après un radical verbal, peut se traduire par *avoir à / devoir* (faire) / *falloir*
burdiergebe, *il faut nager sous l'eau*
ur amiergebe, *il faut chercher un bateau*

Le suffixe : **-gad / -gadi** est la marque du génitif. Il s'emploie assez rarement.
Exemple : **dule bait gadi**, *d'autrui*, *de quelqu'un d'autre*. (mot à mot : homme autre de)

Le suffixe : **-gal / -ga** marque le datif. Par exemple :
anga udage, *donne-moi* où le pronom **an**, *je*, *moi*, est au datif. Il peut alors rendre la préposition française *pour* et peut même s'ajouter à un radical verbal :
sedega, *pour transporter*.
Toutefois, **-ga** s'emploie aussi pour marquer plus nettement qu'un nom est attribut d'une phrase avec le verbe *être* (**gue**) sous-entendu.

Le suffixe : **-ge** apparaît dans certains infinitifs.
kualulege *naître* ('venir à la lumière')

Le suffixe : **-gi / -gine / -kine** rend notre préposition *dans* :
neggi, *à la maison* (de **nega**, *maison*)
digi, *dans l'eau*
abargine, *au milieu*, de **abala**, *milieu*
sakugine, *dans le sac*
urgi an daisa, *je* (l')*ai vu dans le bateau*

Le suffixe : **-gu** s'attache à un radical verbal et forme des propositions subordonnées de temps. Il se traduit par *quand.*
Exemple :
an nonigu, *quand je suis arrivé* (le suffixe **-ki** de **noniki**, *je suis arrivé*, disparaît au profit de **-gu**)

Le suffixe : **-gandi** s'emploie dans les toponymes pour indiquer ce qu'on trouve dans le lieu en question, par exemple : **masargandi**, *le lieu des roseaux.*

Le suffixe : **-gua** forme, entre autres, des diminutifs.
dupu, *île*, donne **dupgua**, *îlot*
Il forme aussi des péjoratifs comme :
kakansae, *mentir*, qui donne **kakansaegua**, *menteur*, ou **sunmake**, *parler*, qui donne **sunmakegua**, *bavard*

Le suffixe : **-ki** rend la préposition *comme.*
Exemple :
beki, *comme toi*

Le suffixe : **-lege** joue le rôle du pronom réfléchi et se place immédiatement après le verbe, ce qui signifie que la marque du passé ou du futur se situe après ce suffixe.
Exemple : **an siyelegusa**, *je me suis coupé*

Le suffixe : **-lidi** marque l'origine.
Exemple : **¿be bialidi ?** *d'où es-tu ?*

Le suffixe : **-lile / -le** a la valeur de *si* (conditionnel). Dans des phrases exprimant un souhait, le suffixe **-le** traduit une expression comme *puisse-t-il* ! 63
Exemple : **di wiele !** *puisse-t-il pleuvoir* ! (mot à mot : eau qu'elle-vienne)
Parfois ce suffixe s'emploie pour souligner une interrogation autrement que par l'intonation. Il équivaut alors à l'expression française *et si* ? : **sun be an sedele ?** *et si tu me*

transportais ?, *peux-tu me transporter* ? **¿ sun be an odurdaisale ?** *peux-tu m'apprendre* ? (et si j'étais enseigné)

Le suffixe : **-mala / -mar** est la terminaison du pluriel.
Exemple : **anmar**, *nous*

Le suffixe : **-moga** signifie *aussi*. Il peut s 'ajouter à toutes les catégories de mots.
Exemples :
¿ bedina ? ¿ igi soimoga ? *et toi* ? *que dis-tu aussi* ?
an bebo nabimoga, *je veux aussi aller avec toi.*
On notera que le suffixe **-bie** qui marque le désir ou le souhait se réduit à **-bi**.

Le suffixe : **-olo** forme des diminutifs.
Exemples : **yarolo**, *colline* (de **yara**, *montagne*) ; **punolo**, *fillette* (de **puna**, *jeune fille*).

Le suffixe : **-sale** s'emploie comme terminaison de certains participes passés

Le suffixe : **-se** accusatif / dans l'intervalle de
neise nae, *aller à la maison* ; *va à la maison*
irguense, *dans une heure, avant une heure*
dupu baidse, *à une autre île*
ipose, *dans deux jours* (pour **ilbose** : *deux jours-dans l'intervalle*)

Le suffixe : **-sik / -siki** rend la préposition *vers* : **ansik**, *vers moi.*

Le suffixe : **-suli / -sur** forme des négatifs et des antonymes (contraires), tout en traduisant aussi la préposition française *sans*. Exemples :
neisuliti, *sans domicile* de **neg** / **nei**, *maison.*

di wi'surdibe, *s'il ne pleut pas* (le suffixe **-sur-** est placé avant le suffixe du conditionnel **-dibe**)

Le suffixe : **-una** correspond à la préposition française *pour* ou encore *à cause de* (avec une nuance de culpabilité). Exemples :
beuna, *pour toi*
we anmaruna burgwisa, *il est mort pour nous*

Le suffixe : **-ye** a différentes fonctions. Il peut marquer un superlatif ; il peut aussi signifier *toujours*. Dans d'autres cas, placé après un verbe, ce suffixe introduit un discours indirect : **we soge di widagoye**, *il dit qu'il va pleuvoir*

Le suffixe : **-yobi** signifie *comme* :
beyobi, *comme toi*
saeyob, *comme hier*

On constate que les suffixes se combinent et s'ajoutent les uns aux autres avec une grande facilité.
On pourra dire ainsi :
namogaergebe, *je dois aussi aller*, où le radical verbal **na-**, *aller*, est complété par le suffixe **-moga**, *aussi*, et l'autre suffixe **-ergebe** qui exprime l'obligation.
Ou encore :
be arbabimoga, *tu veux aussi travailler* (combinaison des suffixes **-bie** et **-moga**), ce qui montre une grande souplesse dans l'ordre des suffixes.

Toutefois, le suffixe du pluriel (**-mar** ou-**mala**) est le plus souvent à la fin.

L'interrogation

Souvent l'interrogation n'est marquée que par l'intonation. Exemple :

¿Nika masi ? *Il y a* (à) *manger* ? (mot à mot : *il-y-a banane* ?)

¿ Juan merki ? *Jean* (*est-il*) *américain* ?

Cependant, comme en français, les interrogations peuvent être introduites par l'un des mots suivants :

combien ?	**¿ bule mergu ? / -bigua ?** (suffixe)
combien (d'argent)?	**¿ igi mani?**
comment ?	**¿ igi ?**
pourquoi ?	**¿ ibigala ?**
quand ?	1 **¿ ingu ?** (dans le passé)
	2 **¿ sana ?** (dans le futur)
quel ?	**¿ igid ?**
qui ?	**¿doa ? / ¿toa ?**
quoi ?	**¿ ibua ?**

On trouve parfois aussi :

¿inkuo?	*quand* ?
panna ?	*jusqu'où* ? / *jusqu'à quand* ?
¿piti ?	*qui* ?
¿pitisiki ?	*par où* ?
¿pikua ?	*combien* ? (avec un préfixe de nombre)
¿ totati ?	*qui est-ce* ?

Logiqement, et contrairement au français, les pronoms interrogatifs comme *qui* ? **¿doa ?** ont un pluriel, en l'occurence **¿doamala ?**, parfaitement régulier :

¿doamala sunmake ? *qui parle*? (quelles sont les personnes qui parlent ?)

La phrase

L'ordre des mots est souple, leur fonction étant suffisamment claire pour permettre une certaine liberté. Le verbe est généralement en fin de proposition. Dans les cas où pourrait subsister une ambiguïté, le sujet est souvent directement placé avant le verbe. Ainsi, dans la phrase **we an sedoe** qui pourrait se traduire aussi bien *il me transportera* que *je le transporterai*, c'est la dernière traduction qui est à retenir, **we** étant, dans ce cas, le complément direct avec une valeur de démonstratif (*cela, je transporterai*). En revanche, dans la phrase **dulegaya an odurdake**, seul le sens, qui dépend du contexte, permet de choisir entre les traductions *enseigne-moi le kuna* et *j'enseigne le kuna.*

Rappelons enfin que le kuna n'hésite pas à accumuler les suffixes et une phrase peut se limiter au pronom suivi d'un verbe avec plusieurs suffixes. Par exemple, *je suis en train de tousser beaucoup* se dira **an tollomainairba**, où le verbe **tollomake**, *tousser*, porte les deux suffixes **nai** du continu et **rba** correspondant à l'adverbe *très*, *beaucoup.*

Les nombres

La façon de compter en kuna constitue l'une des originalités de la langue. Dans de nombreuses langues, notamment asiatiques comme celles d'Indonésie, on précise par un mot appelé numérateur à quelle catégorie appartient ce qu'on compte (hommes, têtes de bétail, objets plats ou longs etc.). Dans ces langues, ces numérateurs sont placés après le nombre lui-même. En kuna au contraire, on emploie aussi ces numérateurs mais comme préfixes avant le nombre, l'ensemble constitué du numérateur et du nombre est placé après la chose comptée.

Voici la liste des principaux numérateurs et des exemples d'emploi :

war- pour les objets longs (personnes, pieux, arbres...)

gua- pour les objets ronds

mata- pour les objets plats et durs
ko- pour les vêtements
ki- pour les colliers
tana- pour les terrains
uka- pour les poissons
ir- ou **il**- pour les heures ou le temps

On dira par exemple :
¿ kobigua ? *combien* (de vêtements) ?
¿ ukabigua ? *combien* (de poissons) ?

Les nombres de 1 à 10, qui sont donc toujours précédés de l'un de ces préfixes numérateurs, sont les suivants :

-guen	**1**
-bo	**2**
-ba	**3**
-bake	**4**
-atar	**5**
-nergua	**6**
-guyle	**7**
-bahabak	**8**
-bakkebak	**9**
-ambe	**10**

On constate les traces d'un système de numération quinaire, c'est à dire par 5, puisqu'une certaine similitude existe entre 1 et 6, 3 et 8, 4 et 9. Si 1 est employé seul, on l'énonce **guensak**, le suffixe **-sak** disparaissant si ce nombre s'applique à quelque chose. *Un* est le seul nombre qui a cette particularité.
Exemples avec le nombre *deux* (**-bo** en kuna) :
sapi warbo, *deux arbres*
naras guabo, *deux oranges*
urgo matabo, *deux tables*
karson kabo, *deux pantalons*
ogob tanabo, *deux cocoteraies*

ordub kibo, *deux colliers*
ua ukabo, *deux poissons*
ilabo, *deux fois*
Exemples avec le nombre *cinq* (**-atar** en kuna) :
dulemar waratar, *cinq personnes* (indiens, mis au pluriel)
mas tanatar, *cinq bananeraies*
(on reconnaît qu'il s'agit de bananeraies et non de bananes d'après le seul préfixe **tana-**, spécifique des terrains).
ua ukatar, *cinq poissons*
On dira de même **ukabigua ?** *combien de poissons* ? **-bigua** étant le suffixe qui signifie *combien* etc.

Les nombres supérieurs à 10 se forment ainsi :

-ambe (gi)	**10**
-ambe(gi) kaka guensak	**11**
-ambe(gi) kaka po(gua)	**12**
-ambe(gi) kaka ba	**13**
-ambe kaka bake	**14**
-ambe kaka'tar	**15**
-ambe kaka nergua	**16**
-ambe kaka guile	**17**
-ambe kaka bahabak	**18**
-ambe kaka bakkebak	**19**
-durguen	**20**
-durguen kaka guensak	**21**
-durguen kaka'tar	**25**
-durguen kaka'mbe	**30**
-durbo	**40**
-durbo kaka'mbe	**50**
-durba	**60**
-durba kaka'mbe	**70**
-durbake	**80**
-durbake kaka'mbe	**90**
-dulatar	**100**
mili	**1000**

On remarque que 20 et les multiples de 20 sont formés sur le mot **dur / dule** qui signifie *homme*. Il s'agit du nombre de doigts de l'être humain.
La *moitié* se dit **abala (birga abala**, *demi-année*) et *dernier* **sorbasikiti.**

Vocabulaire
Les associations d'idées, fréquentes en kuna, sont fondées sur l'expérience de la nature. Si l'on peut encore entendre en français : « c'est une belle plante » ou « il est fort comme un chêne », on dira bien plus couramment en kuna d'un homme jeune qu'il est un arbre (**sapin**) ou de la jeunesse qu'elle est « les arbres » (**sapingana**).
En kuna, un même mot peut avoir des sens différents fondés sur des analogies de forme qui ne nous viendraient pas spontanément à l'esprit. Ainsi, le même mot, **uka**, désigne à la fois la *peau*, le *cuir* et l'*écorce*. Le mot **sakan** peut désigner aussi bien les *plumes* d'un oiseau que les *branches* d'un arbre, en somme ce qui se trouve autour du corps ou du tronc.
Les mots composés sont très fréquents comme **inadule** (*médicament-indien*) qui désigne un guérisseur. Ils font parfois preuve d'imagination. Ainsi pour désigner un *œuf*, peut-on dire **manisipu**, *or* (et) *blanc*, ce qui évoque le jaune et le blanc. Pour un avion, on dit souvent **soulkukualet**, formé de **soul**, *barque*, et du verbe **kukue**, *voler*. La formation d'un nom composé entraîne parfois de légères modifications phonétiques. Une consonne double peut devenir simple ou se transformer comme dans les exemples suivants : **ukku**, *faim* donne **ukumese**, *avoir faim* et **negigal**, *rue*, de **nega**, *maison* et **igar**, *route*.
Bon nombre de verbes sont composés d'un nom et d'un radical verbal. Ainsi *chasser* se dit **us make** (littéralement : 'agouti faire') mais si c'est un animal précis qu'on chasse, on remplace **us** (*agouti*) par le nom de l'animal. De même *manger* en général se dira **mas kunne** ('banane manger')

mais si l'on mange autre chose, on remplace **mas** par l'autre plat, comme **oros kunne**, *manger du riz*.
Pour former des substantifs à partir d'un radical verbal, rappelons qu'on emploie souvent le suffixe **-d** / **-t** qui sert aussi, comme on l'a vu, pour rendre les relatifs.
Les verbes **oduloge**, *traduire*, ou **uasoe**, *pêcher*, donneront respectivement **oduloged**, *traducteur*, et **uasoeti**, *pêcheur*.

Les emprunts à l'espagnol
Inévitablement, de nombreux mots espagnols sont passés en kuna parmi lesquels :

basu	*verre à boire*
bute	*bouteille*
kabi	*café*
kuepo	*œuf* (de *huevo*)
leche	*lait*
libro	*livre*
loco	*fou*
mese	*table*
oros	*riz*
naras	*orange*
sapat	*chaussure*
sukal	*sucre* (de *azucar* ou de *sugar*)
yabi / yape	*clé* (de *llave*)

Certains mots proviennent de l'anglais comme **putte**, de *bottle*

Deuxième Partie

Conversation courante

Salutations et présentations

La façon la plus simple de se saluer consiste à dire seulement :

tegite ! *salut* !

On peut aussi se dire : **¿ nuegambi ?** *tout va bien* ?

Pour demander le nom de quelqu'un, façon très courante d'engager une conversation, on dit :

¿Igi be nuga ? littéralement : *Comment ton nom*?

Plus simplement, on peu dire :

¿Be doa ? *Qui es-tu* ? mot à mot : *toi qui* ?

A quoi on répond :

An nuga…., *mon nom* (est) …ou **an…nuga**

Pour s'enquérir de votre pays d'origine, votre interlocuteur dira : **¿be bialidi ?** (mot à mot : *tu d'où* ?)

On peut prolonger la conversation en disant :

¿ Igi birga nika ? *Quel âge as-tu* ? à quoi on répondra :

an tegi birga nuye… *j'ai… ans*

Après une longue période de conversation, il arrive que l'on se dise : **an be abege**, *je t'aime*, ou, de façon moins compromettante : **an be ai**, *je suis ton ami*, ou **be an ai**, *tu es mon ami.*

Adieux

La façon la plus simple et la plus habituelle de se dire au revoir est **tegimalo** ou **tegimala** qui signifie aussi *adieu.* Pour dire *à demain*, la formule est **panemalo**.

Si l'on doit se revoir rapidement, on peut dire, par exemple : **sedo an be dakoe**, *plus tard je te verrai*

Mots et expressions utiles

nika	*il y a*
sate	*il n'y a pas / ne pas avoir*
wichurmo	*je ne sais pas*
aku an itoge	*je ne comprends pas*
an unni	*je peux*
bai-suli	*peu importe*
anga wis uda	*donne-moi s.v.p.*
nabir be soge	*tu as raison / tu dis vrai*
pookua !	*laisse-moi tranquille*
an be abege	*je t'aime*
¿ igi soilege ?	*comment se dit ?*

Dans la phrase :
binna anga wis be sunmake
parle-moi lentement, s'il te plaît, où l'ordre des mots est *lentement à-moi svp tu parler*, on constate que le complément indirect **an** porte la désinence du datif **-ga**.

La nourriture

Le plat national kuna se nomme **dule masi**, littéralement la *banane plantain de l'indien.* En fait, c'est une sorte de ragoût où l'on mélange ce qu'on a à disposition : yuca (**mama**), banane (**masi**), maïs (**oba**), riz (**oros**) blanc ou rouge, le tout avec de la noix de coco râpée (**okop**) et du piment (**ka**). Le plat est accompagné de poisson (**ua**), grillé ou fumé, parfois de gibier. Ce sont les grands-mères (**muu**) qui passent une bonne partie de la journée dans la cuisine enfumée à faire la cuisine. Si vous êtes invité à manger chez des amis kuna, vous pourrez exercer vos connaissances linguistiques avec des phrases comme :

mas akui	*la nourriture est prête*

an mas kunbie *je veux manger*

Le verbe **kunne** porte le suffixe **-bie** du désidératif (*je veux, j'ai envie*).

On notera qu'on emploie seulement le mot **mas** / **masi**, *banane plantain*, pour désigner la nourriture locale, **dule masi**.

¿ ibu wemar kunsimala ? *qu'est-ce qu'ils mangent* ?

Le verbe *manger* (**kunne**) est à la forme progressive en **si**, celle des personnes assises, et il porte (facultativement) la terminaison **-mala** du pluriel.

¿ sana anmar mas kunnoe? *quand mangerons-nous* ?

On emploie évidemment **¿sana ?** car la question porte sur le futur.

an uku-mada itoe *j'ai faim*

an ukub mada itomoga *moi aussi, j'ai faim*

On dit littéralement *écouter la faim.* Remarquons que le **b** final de **ukub** peut s'élider et que c'est le verbe **itoge**, *écouter*, qui porte le suffixe **-moga** signifiant *aussi.*

an ukuuku itoe *j'ai soif*

an di kopie *je veux boire de l'eau*

Ne vous préoccupez pas des variations phonétiques : c'est bien le verbe **gobe**, *boire*, avec le suffixe désidératif **-bie** qui se prononce **kopie**.

La cuisinière (**mas tued**, celle *qui cuisine*) vous demandera si vous en voulez davantage en disant seulement **¿ napi ?**, à quoi vous pouvez répondre **an napi** pour en avoir davantage ou **napi suli**, si cela vous suffit. Plus élaboré, vous pouvez dire aussi :

an immelesa *je suis rassasié*

Votre hôte vous demandera peut-être :

¿ mas yer kullege ? *la nourriture est-elle bonne* ?

A quoi, pour féliciter, vous pouvez répondre :

nued be mas tue, *vous cuisinez bien* (mot à mot : *bien vous cuisinez*) ou de façon plus compliquée :

yer mas kulle be imaisa, mot à mot : *bien repas vous avez-fait.*

Les déplacements

L'absence de route carrossable limite nécessairement la conversation concernant les déplacements. Le plus souvent on vous posera des questions comme :

¿ be bialidi ?	*d'où es-tu* ?
¿ bia mai ?	*où habites-tu* ? *où habite-t-il* ?

Il faut cependant connaître quelques expressions.

kuae	*vite / rapidement*
¿ bule bangu ?	*à quelle distance* ?
tikasuli	*loin*
¿ tikasuli ?	*est-ce loin* ? (intonation)
argan nued	*droite* (direction)
sapiledi	*gauche* (direction)
sapilesiki	*à gauche*

L'heureL'expression de l'heure repose sur les règles concernant les nombres, en employant le préfixe ir- / ila- :

¿ igi wachi ?	*à quelle heure* ?
ilanerguagi	*à 6 heures*
wachi irguense	*dans une heure*
wachi irbose	*dans deux heures*

Les achats

Le Kuna Yala n'est pas précisément le pays du shopping. Ce qu'on y trouve, ce sont les mola dont nous parlons plus loin dans la partie sur la culture. Rien ne vous empêche de marchander les mola et le choix est très vaste. Ces phrases vous seront utiles.

je veux acheter des mola	**an mor baibie**
je veux celle-ci	**we an abege**
je veux l'autre	**bait an abege**
laquelle préfères-tu ?	**¿ igid bur abege ?**
je prendrai celle-là	**we an sedoe**

j'en achèterai plusieurs	**merba an bakoe**
j'en achèterai trois	**an mor koba bakoe**

Les vêtements prennent le préfixe **ko-** et **-ba** signifie *trois* (voir le chapitre sur les nombres).

combien coûte cette mola ? **¿ we mor igi mani ?**

mais on peut dire plus simplement:

combien (d'argent)? **¿ igi mani?**

¿ igi mani egi ganai ? *combien demande-t-il* ?

(mot à mot : combien argent dans celui-ci il est en train de prendre ; **e** est le démonstratif qui porte la postposition **-gi** et **ganai** est la forme continue du verbe **gae**, *prendre*)

Fais-moi un rabais **mani odege anga** (mot à mot : argent baisse pour-moi) ou **anga mani odege wis** (l'ordre des mots est indifférent et **wis** signifie *s.v.p.* dans les questions).

Il faut aussi connaître :

binsa	*gratuit*
(mani) bipigua	*bon marché*
(mani) bipisuli	*cher*
an mani sate	*je n'ai pas d'argent*
bennuke	*payer*
bela	*il n'y en a plus*

La santé

Si vous devez choisir, nous vous conseillons de faire appel à la médecine occidentale mais rien n'empêche de faire état de vos malheurs à vos amis kuna. D'ailleurs, un paragraphe spécial sera consacré, dans la partie culturelle, à la médecine traditionnelle kuna. Si vous avez vous-même des compétences médicales, les quelques mots et expressions qui suivent pourront, en outre, être utiles pour soigner un Kuna ayant besoin de premiers soins :

je suis malade	**an uellege**
tu es malade	**be uellege**
j'ai mal à la tête	**an non nunmake**
j'ai de la fièvre	**an ue nai**

je tousse	**an tollomainai**
un chien m'a mordu	**achu an kucha**
mon pied est enflé	**an nag engunai**
il y a du pus	**edulet nika**
as-tu un médicament ?	**¿ ina be nika?**
je veux me reposer	**an obunnobie**
je suis fatigué	**an kekusa**
je suis guéri	**an nugusa**
qu'a-t-il mangé hier ?	**¿ ibu we sae kucha ?**

Voici un vocabulaire médical où vous pourrez faire votre choix :

aller à la selle	**sadue**
anémie	**abe sipugusa**
asthme	**poni silisilit / silisilit**
attaque d'épilepsie	**ailasa**
diarrhée	**sadib / sadib kuali**
dysenterie	**istar titaket**
faire une piqûre / vacciner	**iko yoe**
gangrène	**abe kuamailesa**
lèpre	**ainiet**
piqûre (d'insecte)	**kulesa**
pus	**tulet**
rhume	**oo**
vomir / vomissement	**age**

Et quelques parties du corps :

anus	**saya**
bouche	**kaka**
bras	**suidawar /sakua**
cerveau	**nonsagual**
cheville	**nak-karsimur**
cœur	**kuage**
cou	**tukar**

coude	**piski**
cuisse	**tua**
dent	**nugal / nugar**
doigt	**konu**
dos	**yargan**
épaule	**kukin**
fesses	**sor**
front	**bebe**
genou	**yokor**
intestins	**samuru**
jambe	**maliwar**
langue	**kuabin**
lèvre	**kakula**
mâchoire	**akku**
main	**argan**
nez	**asu**
nerfs	**santuba**
œil	**ibia**
ongle	**konasi**
oreille	**uaduk**
os	**kala / kar**
pénis	**bane**
pied	**mali**
poitrine	**nu**
poumon	**apo-apot / pubuta**
salive	**kallis / wi**
sang	**abe**
sueur	**uimaket**
tête	**nono**
veine / artère	**abetuba**

Troisième Partie

Culture

L'histoire

On pense généralement que le peuple kuna est originaire de ce qui constitue aujourd'hui la Colombie. Plus précisément, selon la tradition orale, leur berceau se situerait dans la sierra Nevada de Santa Marta où ont été découvertes des traces d'activité agricole vieilles de 6000 ans. Chassés par d'autres peuples, les Kunas et les Chocos se seraient établis dans le Darien, l'isthme reliant Panama et la Colombie, où des objets datant de 500 ans avant Jésus-Christ ont été exhumés. En 1501, l'Espagnol Rodrigo de Bastidas découvre le Panama. Le premier gouverneur du pays, Vasco Nuñez de Balboa, a de bons rapports avec les Kunas et découvre l'Océan Pacifique grâce à leur aide. Cependant la Cour d'Espagne remplace Balboa par Pedro Arias Davila. C'est lui qui fonde la ville de Panama. Obsédé par la recherche de l'or, il massacre de nombreux Indiens. Les Kunas en sont aussi victimes mais résistent vigoureusement aux tentatives de les soumettre à l'esclavage. Ce n'est qu'en 1787 que les Espagnols renoncent à les asservir.
En 1821, la Colombie et le Panama deviennent ensemble indépendants de l'Espagne et les deux pays se séparent en 1903. Entre temps, au cours du XIXème siècle, les Kunas s'établissent sur la côte et se mettent à peupler les îles où ils vivent aujourd'hui.
En 1924, le sentiment national se développe et apparaît un drapeau du Kuna Yala composé de deux bandes horizontales rouges autour d'une bande jaune où est placée une croix gammée noire. A cette époque, le nazisme n'avait pas pris le

pouvoir en Allemagne et le concepteur de ce drapeau, Waga Ebinkili Maria Colman, ne peut être suspecté d'affinités nazies. Toutefois, pour éviter l'amalgame, un autre drapeau conçu à la même époque par Olo Ebilinki lui est parfois substitué.

Le Drapeau

Il comporte de haut en bas une bande rouge, une bande jaune et une bande noire, la bande centrale jaune comportant deux bras entrecroisés tenant l'un un arc et l'autre une flèche, le tout surmonté de huit étoiles.

En 1925, le 22 février, les Kunas dirigés par Nele Kantule se révoltent et proclament la république de Dule. Des policiers panaméens et des enfants métis sont tués. Prêt à la répression, le gouvernement panaméen sous la présidence de Porras nomme un gouverneur installé dans l'île de Porvenir. Les conflits se prolongent et le gouvernement fait appel à la médiation des Etats-Unis qui forcent les parties à négocier. L'autonomie est accordée en 1930 et la Comarca de San Blas, sorte de réserve à l'américaine, est créée en 1938. Ce n'est qu'en 1953 que le parlement panaméen concède un statut juridique et administratif par une véritable constitution, la Charte Organique. Le territoire prend alors le nom de **Kuna Yala** (la *montagne kuna*).

La cosmogonie kuna

Les Kunas croient que la Terre est la Mère de toute chose : c'est la Grande Mère (**Nan Dummad**). Son corps est vêtu de végétation, tandis que, de ses seins et de son vagin, s'écoulent les rivières qui permettent la vie. La terre des origines, sorte de paradis terrestre, a été souillée par les descendants du premier couple, **Piler** et **Pursobi**, dont la conduite est à l'origine de la souffrance.
Selon les anciens, le monde est formé de huit couches d'or, d'argent, de fer et de différents minéraux qui soutiennent la Mère-Terre.
Notre corps est analogue à la Mère-Terre. Tous deux sont l'œuvre de **Bab Dummad**, le Grand Père. Lui et la Grande Mère ont créé toutes choses. Parmi celles qui sont les plus nécessaires, il y a les arbres dont les racines s'enfoncent jusqu'à la sixième couche. Ils existent pour donner de la nourriture aux animaux et aux hommes. Tout est parfaitement organisé dans la nature, rien n'est fait en vain. L'obscurité, la Mère de la Nuit (**Nan Gabsus**) surveille les enfants, elle nous permet de dormir et la Mère-Terre nous réveille.
Les Kunas ont un grand prophète, **Ibeler**, qui leur a appris les chants et les traditions. Il est un grand amoureux de la nature et de tous les animaux, même les plus petits comme les araignées.

Il guide et protège son peuple et lui évite d'avoir peur des bêtes sauvages de la forêt. Puis il s'est transformé en soleil (**Dad Ibe**). Il permet de travailler. Le père d'Ibeler est **Olodualigipileler**, la lune, également importante car elle permet de compter le temps et l'âge.
Sous l'influence coloniale, les croyances et pratiques originelles des Kunas ont été quelque peu teintées de christianisme.

L'homme et la nature

Pour les Kunas, l'homme est indiscociable de la nature. Leurs chants emploient fréquemment des expressions telles que « nos frères les arbres » ou « nos frères les rivières ». Il ne s'agit pas là d'une métaphore poétique mais d'une conception culturelle du monde. Toute la nature, humanité comprise, constitue une communauté spirituelle. Tous les êtres ont des âmes. Les entités invisibles de la nature sont au nombre de trois : **purba**, qu'on peut traduire par âme ou essence, **niga** qui est le courage et **kurgin**, l'intelligence ou l'aptitude. Les animaux possèdent une **purba**, comme les humains. Les plantes aussi, mais généralement une **purba** féminine. On dit que les hommes possèdent jusqu'à huit âmes mais en général six. Les femmes n'en ont que quatre, protégées par une sorte d'ange gardien ou d'esprit protecteur appelé **baliwitur**. Pour les Kunas, les minéraux, les végétaux, les animaux et les hommes ont la capacité de communiquer entre eux grâce à leur **purba**. Il en résulte une harmonie profonde entre l'homme et la nature à faire pâlir les écologistes. Chaque espèce (minérale, végétale ou animale) a son sanctuaire appelé **kalu**. Celui des humains porte le nom de **kalu koskun**. De nos jours ces mots désignent le lieu où les caciques (sahila) se réunissent pour prendre les décisions importantes pour la communauté.

L'organisation sociale

Déjà étudiée par les missionnaires espagnols au XVIIème siècle (notamment par les frères Adrian de San Tomas et Antonio de la Rocha), l'organisation sociale reste encore sensiblement la même aujourd'hui. Des chefs coutumiers, **saila** ou **sahila**, qu'on appelle *caciques* en français, sont au service de la communauté. Trois caciques généraux se partagent le territoire. Les autorités de toutes les communautés kunas se réunissent obligatoirement deux fois par an en Congrès général. Les décisions y sont prises par vote. Les Kunas sont représentés par deux députés à l'Assemblée Nationale du Panama. Selon les règles du Kuna Yala, aucune personne non kuna ne peut être propriétaire de terrains.

Le Kuna Yala a un drapeau constitué de trois bandes horizontales de même largeur, rouge, jaune et rouge. La bande centrale jaune comporte une croix gammée noire. Comme nous l'avons dit plus haut, il ne faut y voir aucune influence de triste mémoire, ce signe ayant existé bien avant le nazisme.

Les communautés kuna

Il existe une cinquantaine de villages kuna, appelés communautés (**kuebur**), la plupart dans les îles de l'archipel San Blas mais une dizaine sont établis sur la terre ferme. Leur population est très variable, de quelques centaines d'habitants à quelques milliers pour les plus peuplés, celles qui comportent une école. Seule l'île de **Yanndup** (Nargana) a un collège. Les rares Kunas qui obtiennent une bourse pour des études universitaires vont à l'université à Panama.

Bon nombre de communautés portent plusieurs noms, l'orthographe du nom kuna étant, en outre, souvent imprécise. Ainsi l'île **Nusatupu** (île de la souris), qui touche celle de **Yanndup** (Nargana) a-t-elle perdu son nom au profit de la traduction espagnole (*Isla Raton*) et celle de **Akuanusadup** a adopté le nom donné par les missionnaires (*Corazon de Jesus*), parfois même est appelée **Kuague** qui est la traduction de *cœur* en kuna.

Les noms kuna des îles comportent généralement la terminaison **tupu** ou **dup** qui signifie *île*, comme **Achutupu**, *île des chiens*, **Orostupu**, *l'île au riz* ou **Yantupu** (**Yanndup**), *île du pécari* (appelée aussi Nargana).

Liste des communautés kuna les plus importantes
(en allant de l'Ouest à l'Est de la Kuna Yala)

Kaikirgol (El Porvenir)
Gardi
Gardi Sugdup (Carti)
Guebdi (Rio Azucar)
Madungandi (rio Bayano, assez loin au sud de Porvenir)
Yanndup (Nargana)
Kaimu (Mauqui / Cayo Holandés)
Mormakedup (Isla Maquina)
Niatupu (Digandiki)
Magebgandi
Ukubseni (Playon Chico)
Ogopsukun (Concepcion)
Dad Nakue Dupbir (San Ignacio de Tupile)
Ailigandi
Achutupu (IslaTigre)
Ustupu (Portogandi)
Mansukun
Nabagandi
Mamitupu
Tupak (Isla Pinos)
Sasardi Mulatupu
Magemulu (Caledonia)
Tubuala
Ukupa
Kuitupu
Karreto (Galed)
Sukun (Anachukuna)
Armila
Puerto Obaldia

Photo aérienne d'une piste d'aviation

La famille

La famille kuna est monogame et la société est de type partiellement patriarcal et partiellement matriarcal : c'est la fille aînée qui hérite de la maison mais c'est l'homme le plus âgé qui est chef de famille. Les garçons et les filles reçoivent des éducations très différentes. Tout jeunes, les garçons restent nus avec pour seule parure un collier de dents d'animaux, supposé leur donner les qualités de force ou de vélocité de ces animaux aussi bien que de les protéger des maux de dents. Dès qu'ils le peuvent, ils accompagnent leur père à la chasse ou à la pêche. Les petites filles portent très jeunes les molas (voir plus loin) qui constituent la parure de toute femme kuna. Elles apprennent très tôt à coudre, tisser et faire la cuisine.
De nos jours, de nombreux jeunes partent faire leurs études ou travailler à la ville. On les appelle **sikwi** (*oiseaux*) en vertu d'une légende selon laquelle un chaman (**nele kantule**) était descendu, grâce à ses incantations, jusqu'au quatrième niveau de l'Univers (**bi li bake**) où des oiseaux se nourissaient des fruits d'un arbre. Les étudiants qui vont en ville sont semblables à ces oiseaux.

Le mariage

Comme partout, le mariage organisé par les parents, autrefois de règle, ne se pratique plus guère. Quand deux jeunes gens tombent amoureux, les parents sont consultés mais ils ne font plus guère obstacle à des unions qu'ils n'auraient pas souhaitées
Les fêtes du mariage durent entre quatre et cinq jours et se déroulent dans la maison de la jeune femme, quand le jeune marié vient s'y établir.
Le divorce est rare chez les Kuna, le plus souvent pour cause de stérilité

Les albinos (**sipu**), appelés 'enfants de la lune', sont assez nombreux pour des raisons de consanguinité. Ils restent le plus souvent célibataires.

Le calendrier

Les Kunas emploient le calendrier solaire de 12 mois que nous connaissons mais ils leur donnent des noms particuliers qui se terminent tous par **-nii** qui signifie *lune* ou *mois* :

Yolanii	*janvier* (*mois du vent sec*)
Arinii	*février* (*mois de l'iguane*)
Dillanii	*mars* (*mois de l'arbre dillan en fleurs*)
Ollornii	*avril* (*mois du chant des cigales*)
Yauknii	*mai* (*mois de la tortue caret*)
Masarnii	*juin* (*mois du roseau blanc*)
Bunurnii	*juillet* (*mois de bunur*, plante médicinale)
Gignii	*août* (*mois des hirondelles*)
Apinii	*septembre* (*mois d'apin*, plante médicinale)
Guiblonii	*octobre* (*mois des éperviers*)
Inanii	*novembre* (*mois de la médecine*)
Bardudnii	*décembre* (*mois de la fleur de sel*)

L'habitat

Les cases, construites en bois sur un terrain sablonneux, sont rectangulaires, serrées les unes contre les autres et couvertes de feuilles du palmier **weruk**. Les piliers en bois (**puar** ou **puarra** s'ils sont longs ; **usol** s'ils sont courts) supportent le toit en palmes de coco (**pemka**). Les murs, en lattes de bois fendu jointives, s'appellent **ilakalu** et les solives horizontales du toit **kaluildi**.

Plus ou moins grandes selon la taille de la famille, les cases comportent trois parties. La salle de séjour est la plus vaste, on y vit dans la journée et l'on y déploie les hamacs pour la nuit. Les meubles se limitent à quelques sièges et un coffre.

Les vêtements sont suspendus au plafond, comme dans une teinturerie. Un emplacement plus petit sert de cuisine (**soogaya**). Des bûches disposées en étoile brûlent toute la journée. On y place un chaudron où cuit la nourriture (**dule masi**) ou une sorte de gril où l'on fume le poisson. La troisième partie de la case, sans toît, constitue les toilettes. Elles sont souvent placées directement au-dessus de la mer.
Aujourd'hui, les Kunas les plus riches se construisent des maisons en ciment avec des couvertures en tôle ondulée. Pour le pittoresque des villages, ces maisons restent heureusement encore rares.
Dans chaque village (**neg-kuebur**) on trouve deux cases communes : une salle de réunion à vocation de politique municipale (**onmaked nega**) et une salle des fêtes (**inna nega**).

L'agriculture

La plupart des communautés vivant sur des îlots surpeuplés, l'agriculture se pratique sur la terre ferme. Chaque famille a sa parcelle de terre (**nainu**) sur laquelle elle fait pousser surtout du maïs (**oba**), des yuca (**mama**), du riz (**oros**), de la canne à sucre (**gay**) et des bananes (**masi**). On y trouve aussi des arbres fruitiers, des plantes médicinales, des plantes tinctoriales. Contrairement à la côte du Pacifique où se pratique l'élevage, il faut laisser se reposer les terres
Ajoutons que longtemps le seul revenu financier de l'agriculture a été la vente de noix de coco (**ogop**) à des Colombiens qui venaient les chercher en canoë.

La pêche

La langouste (**dulup**) a longtemps été très abondante autour des îles San Blas. Depuis que de petits avions viennent les acheter pour les marchés de Panama City, elles sont en péril. On les pêche de plus en plus petites alors qu'une langouste peut atteindre l'âge de 40 ans et approcher alors un mètre de long. La pêche n'est effectuée que de jour, de mars à décembre, pour des raisons climatiques.
La tortue (**yauk**) est consommée ainsi que ses œufs. Jadis, on pensait que tuer une tortue pouvait donner des maladies

L'habillement traditionnel

Ce sont les femmes qui portent l'habit traditionnel. Il est constitué d'un carré d'étoffe qui enveloppe la taille et forme jupe (**sabured** / **sabureti**), d'un voile de tête (**muswe** ou **muskue**) et d'une blouse (**morsana**) sur laquelle sont cousus les fameux **mola**, en toile de coton importée de Colombie. Le **mola** est un carré de tissu d'environ 45cm x 35cm constitué de trois à cinq couches de couleurs différentes découpées de telle sorte qu'apparaissent des dessins. Les molas vendus aux touristes le sont sans la blouse, ce qui permet d'en faire divers éléments de décoration. L'origine des molas proviendrait des peintures corporelles que les Indiennes se dessinaient sur la poitrine à l'époque de la conquête espagnole, quand elles ne portaient pas de blouse. Les motifs traditionnels consistent en oiseaux, poissons ou végétaux, accompagnés de courbes géométriques, de croix gammées ou de dessins d'éventails et de rames stylisées. Les couleurs sont le rouge, le jaune ou le bleu.
Les femmes portent en outre des ornements qui couvrent les mollets et les avant-bras, les **wini**, ainsi qu'un anneau d'or dans la cloison nasale (**olasu**). Le maquillage consiste en un

fond de teint circulaire de terre ocre placé sur les joues ou en un trait bleu ou noir le long du nez.

La médecine traditionnelle

Comme tous les peuples de la forêt vivant proches de la nature, les Kunas ont une connaissance approfondie des plantes médicinales. Plus curieusement, ils font appel aussi à des pierres (**akwanusagana**) auxquelles ils attribuent des vertus curatives. Les médecins traditionnels, **inadule**, (appelés medecine-man par les Anglo-Saxons) sont aussi chamans et portent le nom de **nele**. Ils le sont de naissance mais suivent aussi une longue initiation car les plantes médicinales (**ina**) sont nombreuses et variées. On en compterait environ 300. Nous en citerons quelques unes, généralement employées pour préparer des bains et des infusions (le bain dans lequel on met un enfant malade s'appelle **ina ulu**, *barque des médicaments*).

- **bachar**, plante aromatique d'environ 50cm, soigne les morsures de serpents en frottant la plaie pendant quelques jours avec des applications de feuilles fraîches.
- **esnargan** pousse dans la mangrove et soigne, sous forme de décoction de feuilles, les nausées, le vertige et les maux de tête.
- **dior nugargid** (*dent de scorpion*) soigne les rhumatismes et l'arthrite.
- **musguar**, arbre d'une dizaine de mètres de hauteur connu sous le nom de *copal*, produit une résine qui soigne les refroidissemsnts et les plaies de lapeau.
- **nidirbi sakangid** (*arête de raie*), un anthurium, a un effet psychothérapeutique.
- **oaged** est une plante purgative et vomitive ; **odammiboed**, une plante fébrifuge et **oina** une plante contre la diarrhée etc.

Les fêtes

A la fin de la première semaine après sa naissance et avant l'âge d'un mois, quand leur cartilage est encore tendre les petites filles subissent la perforation de leur cloison nasale, ce qui est l'occasion d'une fête appelée **iko inna**, *chicha de l'aiguille*, ou **olasu maked inna**, *chicha de l'anneau d'or.* On remarque que, toute fête se célébrant avec de l'alcool, la chicha (**inna**), ce mot a fini par devenir synonyme de fête. C'est une femme âgée, souvent la grand-mère (**muu**), qui effectue l'opération.

Parmi les autres fêtes, citons :

- **inna mutikiti**, fête de la puberté (*fête de la nuit*) célèbre les premières règles d'une jeune fille, la rendant apte à la maternité. Seule sa mère et quelques femmes l'approchent pour la baigner et le **kantule** en profite pour chanter.
- **inna uila** ou **inna suit**, fête de la coupe des cheveux ou fête des quatre jours, se pratique plus rarement, deux ou trois ans après la précédente, si les parents ont assez d'argent pour l'offrir. Au cours de cette fête qui indique que la jeune fille a atteint l'âge de se marier, elle prend plusieurs bains, porte des bijoux en or puis la **ied**, toujours une femme en blouse blanche, coupe ses cheveux et lui donne son prénom kuna définitif. On boit beaucoup de chicha et les **kantule** exercent leur talent en chantant une quinzaine de chants (**igala**) dont on dit qu'ils totalisent près de 7.500 vers.

Parmi ces chants, citons : **obed igala**, *le chant du bain* ; **kabed igala**, *le chant du sommeil* ; **purba igala**, *le chant de l'âme* ; **nuga igala**, *le chant du nom* ; **nega igala**, *le chant de la maison* ; **dislaigala,** *le chant des ciseaux*, pour lequel le kantule est dans un hamac balancé fortement.

Les funérailles

A la mort d'un Kuna, le défunt reste un jour ou deux à son domicile, couché dans son hamac et habillé de façon traditionnelle. Une personne de la famille, le **masartuledi**, est chargé de la cérémonie de l'enterrement. Il psalmodie des chants destinés à indiquer au défunt le chemin du paradis, **sapi nega** (la *maison de l'arbre*). Le corps du défunt est porté au cimetière dans son hamac qui est ensuite placé dans une fosse d'environ 3 mètres de profondeur, entre deux pieux fichés au fond de la fosse. Les affaires personnelles du défunt sont déposées à côté puis on place un faux plafond que l'on recouvre de terre. Le jour de l'enterrement et les jours suivants (parfois des semaines), les femmes de la famille offrent nourriture et boisson à ceux qui viennent se recueillir sur la tombe. Une partie de la case qui la couvre sert donc de cuisine. Cependant, pour que l'âme du mort puisse rejoindre ses ancêtres, on attache, le jour de l'enterrement, une petite barque de cérémonie à une branche basse d'un arbre qui surplombe la rivière proche. Ce voyage s'effectue pendant la nuit et le jour suivant, la première personne qui passe détache la barque et la rapporte au village.

Les Kunas pratiquent traditionnellement l'enterrement de leurs morts dans une tombe familiale (**burguálet nega**) qui ressemble à une case d'habitation mais dépourvue de ses parois latérales. Les cimetières (**uanna**) sont sur le continent, l'espace sur les îles étant très limité. Chaque jour, les femmes de la famille vont au cimetière et y restent longtemps (souvent trois heures). Elles y bavardent et y brodent des **mola**, tout en prenant soin d'éloigner les mauvais esprits en faisant brûler des plantes aromatiques telles que des cabosses de cacao. La nuit, personne ne reste au cimetière car de mauvais esprits hantent les lieux.

Photo d'une femme kuna sur la tombe de ses proches

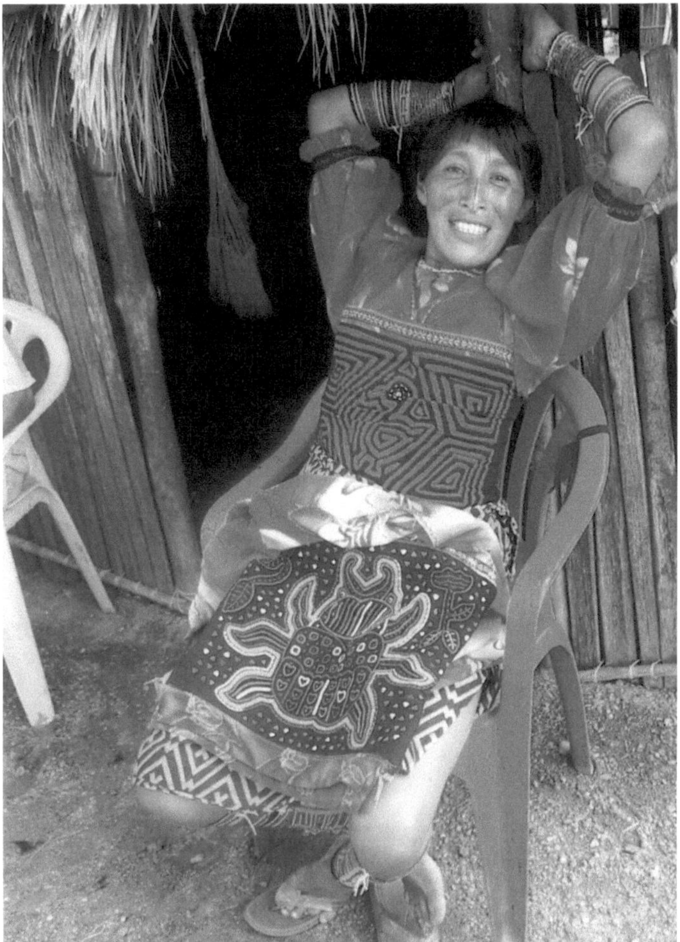

Les religions

Les Kunas ont conservé très vivante leur religion traditionnelle, celle d'Ibeorgun, bien qu'ils aient été soumis à des efforts de christianisation depuis la conquête espagnole et que le catholicisme soit partout présent. Les Kunas considèrent le plus souvent que les autres religions leur sont étrangères, surtout celles récemment introduites en provenance des Etats-Unis, qui leur paraissent arrogantes et irrespectueuses de leur culture. Dans le seul village de Playon Chico (**Ukupseni**), coexistent cinq Eglises (dont les baptistes, les évangélistes et les Mormons) qui se font concurrence.
Pour illustrer ce livre par un texte bilingue bien connu, j'ai demandé en vain à plusieurs reprises à la nonciature apostolique au Panama comment se disait la prière du Notre Père en kuna. Il est vrai que la messe catholique se dit principalement en espagnol. Ce n'est qu'après de multiples efforts que le personnel de l'hôtel de Sapibenega a pu me fournir fort aimablement ce texte…

La prière du Notre Père

Bab Dummad, Be nib neggi anmar dakmai, be nug gannarba; Be burbagan anmarse be odege; igi gangu be neg semai, aayobi wegi anmarga be oyomoga.Bane bane Be anmarga mas nued dake; anmar begi nosmalad Be iege, igi anmar iemarmoga guenadgan anmargi nosar. Anmarse Be burbagan Be odege mer Begi noega, boni sailagan Be anmargi obane. We napiragua.

Le lecteur constatera, en s'aidant des lexiques qui suivent, que les tournures du kuna sont profondément différentes de celles du français, ce qui rend la traduction mot à mot aléatoire. Par exemple, la notion de ciel, séjour de Dieu, se traduit par **nib nega** (*maison d'en haut*). De même, *que votre règne arrive* se traduit par **Be burbagan anmarse be odege** soit, littéralement, *vos esprits pour nous vous faites descendre*. Ou encore *ainsi soit-il* se traduit par **we napiragua**, littéralement : *sa vérité*.

Lexique français-kuna

Les formes verbales du passé et du futur sont placées entre parenthèses après la forme du présent. Pour obtenir l'infinitif du verbe, il suffit d'ajouter un **-d** à la forme du présent. Nous n'avons pas indiqué dans le lexique les mots modernes empruntés à l'espagnol (voir le paragraphe sur le vocabulaire à la fin de la première partie). Presque tous les Kunas parlant espagnol, cette liste n'aurait pas d'intérêt, il suffit d'employer le mot espagnol.

A

abeille	yada
accepter	abingae
acheter	bake (baisa ; bakoe) / pake
accompagner	bardake
agouti	usu
aider	bendake
aiguille	iko
ail	aguakkálat
aimable	nuedtae
aimer	sabgue / sabe / abege (abesa ; abegoe)
ne pas aimer	yapa (suivi d'un verbe) / abesuli
aller	nae (arbi ; naoe)
aller voir	dakueloe / takueloe
allumer (*lumière*)	ogae
allumette	segala
amarrer	edinne (edinsa ; edinnoe)
américain (du Nord)	mergi / merki
ami	anay
ananas	osi / ossi / ochi
ancien	dador
ancre	esnas
anguille	yarbi
année	birga / pirka

appeler	gole (gocha ; goloe)
appeler (s')	nugue
apporter	sedage (senoniki ; sedagoe)
apprendre	durdake (durdaisa ; durdakoe)
après	sorba
arbre	sapi / sapin
arc-en-ciel	sue
argent	mani (de l'anglais)
argent (*métal*)	meryala
arriver	omoge (omosa ; omogoe)
asseoir	osie (transitif) / sige (siguisa ; sigoe)
attendre	abitoge (abitosa ; abitogoe)
aujourd'hui	emi
autre	baiti / paiti
avant	iduar
avant-hier	asto
avion	soulkukualet / kukuale
avocat / avocatier	asue
avoir	nika (nikusa ; nikuoe)

B

baie (*golfe*)	sukun
baigner (se)	ope / obe (obsa ; oboe)
baisser	odege (odesa ; odegoe)
balai	kuala
balayer	durwie
baleine	paka
bambou	nala
banane	masi
barque	ulu / ur-
barracuda	tabu
beau-père / belle-mère	saka
bien (*adverbe*)	nuedi
blanc	sipuguat / sipu / chipu
bleu-vert	arad / arrat
boire	gobe (gobsa ; gobegoe) / kobe

bois (*matériau*)	sapan / urgo
bois (*forêt*)	sapur
bois (de chauffage)	so
bon	nuedi
bon (*au goût*)	yelkulege
bouche	kaka
bouillir	ogwak kwarmake
bouteille	bute
bracelet	wini / uini
branches (*arbre*)	sapiana
bras	suidawar /sakua

C

caïman	tain
canne à sucre	gay
casier à langouste	dulup galu
ceinture	sasir
cendre	puru
chaleur	uedi
chaman	nele
changer	oguae
chanter	namake
charbon	sokun
chasser	us make (us maisa ; usmakoe)
chat	mis / misi
chaud	diopisuli
chaume (*toit*)	uas
chaussure	sapat
chauve-souris	usir / uisir / wisir
chemin	igar / igal
cher (*prix*)	kargerba
chercher	amie
cheville (*jambe*)	nak-karsimur
chicha (*boisson*)	inna

chien	achu
chose	immar
cimetière	uanna
ciseaux	disla / tisla
citron vert	naras sole / narachole
cœur	kuage
cola	punnu
combien ?	¿ bule mergu ? / -bigua ? (*suffixe*)
combien (d'argent)?	¿ igi mani?
comme	yobi / -yob (*suffixe*)
comment ?	¿ igi ?
communauté / village	neg-kuebur / nekuepur / guebur
compréhensible	mag itolege
comprendre	mag itoge
connaître	mai dake
conseiller (*verbe*)	uane
corail	akua biski
cormoran	todo
corossol (*fruit*)	suiti
côté (à côté de)	dikarba
coton	upsan
cou	tukar
coude	piski
coudre	molamake
couler	doge (doisa ; dogoe)
couper	sike / siye
courir	abarmake / aparmake
couteau	esa / estin
couverture (*de lit*)	attue
crabe	suga
craindre	dobe
creuser	akwie
crevette	páskua
crier	kormake
cuillère	kuchar / wesar

cuir	uka
cuisiner	tue
cuisinière	mas tued
cuisse	tua

D

dauphin	uagi
davantage	napi
déjà	bad
demain	bane
demander	egiche (egichisa ; egichoe) / ekise
dent	nugar
descendre (*intransitif*)	aidege (aidesa ; aidegoe)
descendre (*transitif*)	odege (odesa ; odegoe)
dessiner	sobe
détruire	yar sae / yar imake
devoir (*faire*)	*employer le suffixe verbal* : -ergebe
différent	akala
difficile	dutusuli
difficulté	boni
dire	soge (soisa ; sogoe)
doigt	konu
donner	uke (uysa ; ukoe)
dormir	gabe (gabisa ; gaboe)
drap de lit	attuet sipu / atued
droite (*direction*)	argan nued
dysenterie	istar titaket

E

eau	di / ti
échelle	arsan
écorce	uka
écouter	itoge (itosa ; itogoe)
écraser	yolege (yolesa ; yolegoe)

écrire	narmake (narmaisa ; narmakoe)
effrayer	oguaye (oguayisa ; oguayoe)
elle	we (*pluriel* : wemar) / *parfois* a *ou* aa
emmener	sede (sesa ; sedoe)
encore	kannar
endormir	ogabe (ogabisa ; ogaboe)
enfant	ibbena
ennemi	istarad / aisuli
enseigner	odurdake (odurdaisa ; odurdagoe)
ensemble	bulakua
entrer	toge
envoyer	barmie
épaule	kukin
éplucher	etare (etarisa ; etaroe)
erreur	nosa
escargot	burgao
espagnol (langue)	wakaya
essayer	uilupdake
et	keb
éteindre	oginne (oginsa; oginnoe)
éternuer	akkikine
étranger (*nom*)	aimar / uaga
être (*état*)	gue (gusa ; guoe)
être (*se trouver*)	1- si (siguisa ; sioe) 2- kuichi (kuisgusa ; kuisgoe) 3- mai (megisa ; megoe) 4- nai (naina ; nainoe)
éventail	biibi / nuknuk
expliquer	barsoge

F

fâcher (se)	urwe (ulusa ; uruoe)
faim	uku mada
faire	imake (imaisa ; imaoe) / sae
famille	guenad / mesat

fatigué (être)	kekusa / yegusa
faucon	giblo
femme	ome
fer	eskorro
fesses	sor
feu	so / soo
feuille	ga / ka (*pluriel* : kagan)
feuilles d'arbre	sapiga / sapi kagan
feuilles de palmier	werup / weruk
fille	mimmi / mimi
fils	machi
fils cadet	machi bipi
fils aîné	machi dumma
fleur	dutu / tutu
flûte	suppe / kammu / tolo
foulard	muskue / muswe
fourmi	chichir
frapper	sarsoge (sarsosa ; sarsogoe)
frère (d'une sœur)	susu
frère cadet	urba (*d'un frère*)
frère aîné	ia (*d'un frère seulement*)
froid	diopigua
front	bebe
fumer (*cigarette*)	sigali ue
fusil	kingi

G

gauche (*direction*)	sapiledi
genou	yokor
goyave	nulu / nur
grand	dummad
grand-mère	mú
grand-père	dada
grandir	tunkue
gratuit	binsa
grimper	nakwe (nakwisa ; nakoe)

H

habiter	mai (megisa ; megoe)
hamac	kachi / kas
hameçon	agchuer
haut (en)	niba
herbe	kaa
héron	tabgala
heure	wachi / uachi (*de l'anglais* : watch)
hier	sae
hippocampe	timoli
homme	machi

I

ici	wegi
igname	uagup
il	we (*pluriel* : wemar) / *parfois* a *ou* aa
île	dupu / tupu
imiter	paruisoe
impossible	kege
incendier	ogae (*intransitif*) / gae (*transitif*)
indien	dule / tule (*pluriel* :dulegan)
indiquer	oyoge (oyosa ; oyogoe)
intestins	samuru

J

jambe	naga / tua / maliwar
jaune	koroguad
joli (être)	yer-dailege
jouer	dodoge (dodosa ; dodogoe)
jour	iba
jupe kuna	saburedi / saburet

K

kuna (langue)	dulegaya

L

là-bas	wesiki
laisser	indake
lait	nunisa / leche
lancer	mete (mete ; metoe)
langouste	dulup / tulup
langue (*langage*)	gaka / kaka
langue (*organe*)	kuabin
laver	enuke (enuksa ; enukoe)
laver (se)	ainukke
lentement	binna / pinnakua
lèvre	kakula
lézard	arti
liane	sargui / sarki
lire	absoge (absosa ; absogoe)
loin	tikasuli
lourd	aitiki
lumière	kuallu
lune	ni
lutter	urwe (ulusa ; ururoe)

M

mâchoire	akku
main	argan
maintenant	emiskua
maïs	oba
maison	nega / nei
malade	uellege / ponikuale / gegue / kegkue
maladie	poni
manger(*intransitif*)	mas kunne
manger(*transitif*)	kunne

mangrove	aili / ailigan nega
marée	demmar
mari	sui
marié (être)	ome nika ('avoir femme')
mariée (être)	sui nika ('avoir mari')
marier	ipkue
marier (se)	nikue
marmite	pormi
mât	bual / puar
matin (le)	waidar
médecin traditionnel	inatuledi
médicament	ina
mélanger	opuroe (opurrusa ; opurroe) / obure
mentir	akaloe
mer	demmar
merci	nuedi
mère	nana
midi	tadyoruku / yoruku
miel (d'abeille)	atcha
mois	ni
montagne	yala / yar-
monter	nakwe (nakwisa ; nakoe)
mou	dutugua
mouche	kukur
mouette	pane
mourir	burge / purke (purkisa ; purkoe)
mousticaire	tordo
moustique	kui / kwi
mûr	gorrogua
murène	dugu / yarbi

N

nager	tomomake
nager (sous l'eau)	burdie
naître	kualulege (kualulesa ; kualulegoe)
ne…pas	suli / -sur
ne…plus	bar…suli
nettoyer	elie (elisa ; elioe)
nez	asu
nid	saki / sakki
noir	sichid / sichugua
nom	nuga
non	suli / sur / sul
nourriture	masi (banane plantain)
nouveau	bini, binit / pini
nuage	mogir
nuit	muttikit / mutik
cette nuit	emi mutik

O

œil	ibia
œuf	nusadul / manasibu ; manisipu
œuf de poule	kannir akua ('*pierre de poule*')
œuf de tortue	sarsip
oignon	agu
oiseau	sikwi / silu
oiseau-mouche	pansus
oncle	kilor / kilu
ongle	konasi
orange (*fruit*)	naras
oreille	uaduk
os	kala / kar
où ?	¿ biali ? / ¿ bia ?
où (*conjonction*)	bia
oublier	iege
oui	aye / eye
ouvrir	ekae

P

pagaie	kami
pain	madu / madup
palétuvier	aili
palmier	werup / weruk
pannier	karba
pantalon	karson (*du français* : caleçon)
papillon	suchu
paresseux (*adjectif*)	wiegala
paresseux (animal)	bero
parler	sunmake (sunmaisa ; sunmakoe) / soge (soisa ; sogoe)
partir	noe (nosa ; nodoe)
pauvre	wileged
payer	bennuke
peau	uka
pécari	uedar / yannu
pêcher	ua soe / uasoe
pêcheur	uasoeti
peigne	kwi
pélican	korki / korgui
pénis	bane
père	paba / baba
perroquet / perruche	kuili
petit	bipigua / pippi
peu	binna / pinna
peur	dobed
pied	mali / naga
pierre	akwa
pieuvre	kikir
pigeon	nu
piment	ka
piqûre (d'insecte)	kulesa
pirogue	ulu / ur
plage	ukup

planter	dige (diysa ; digoe)
plein	ena
pleurer	boe
pleuvoir	di wie (futur : di wioe)
s'arrêter de pleuvoir	yorkumai (yorkusa : yorkugoe)
pluie	di
plus (*comparatif*)	bur
poil (du corps)	absala
poisson	ua
poisson volant	ua kukualet
poitrine	nu
pomme de terre	mergikualu
porc	sini
porte	yaugag
porter	sede (sesa ; sedoe) / sedage (senoniki ; sedagoe)
pot	pormo
poule	kanir / kannir ome
poumon	pubuta / apo-apot
pourquoi ?	¿ ibigala ? ¿ ibiga ?
pouvoir	suna
prendre	sue
près	tika
prêt	kuakuagua
prier	wilege (wilesa ; wilegoe)
profond	akutup
promener (se)	nei dake
propre	suirikua
puce	ueue
puits	tia
pus	edulet / tulet

Q

quand ?	1 ¿ ingu ? (dans le passé)
	2 ¿ sana ? (dans le futur)
quel ?	¿ igid ?
queue (*animal*)	bunnu
qui ?	¿ doa ? / ¿ toa ?
quoi ?	¿ ibua ?

R

racine	mali
raie (*poisson*)	nidirbi
ramer	kammie
récif	akua
refroidir	onika (onikusa ; onikuoe)
reins	sorgar
renard	tasi
répéter	uisae / kannarba soge
répondre	abinsae (abinsasa ; abinsoge)
repos	obu / obunoedi
reposer (se)	obunnoge (obunnosa ; obunnogoe)
requin	nali
respirer	bunnoge (bunnosa ; bunnogoe)
rester	be (besa ; beoe)
réunir	onmakke / igar itoge
réveiller	odake / attake
rhume	ookuali
riche	maniibedi / mani ibed
rivière	diwar / di uar
riz	oros

S

sable	ukup
sale	sucha
salive	kallis
sang	abe
sardine	unus
sauter	ichomake
savoir	wisi (wisgusa ; wisgoe) / uisi
savon	morgaug
sec	dinnagua
sécher	odinnoe (odinnosa ; odinnogoe)
sécheresse	yola
sel	balu / palu
semer	dige
serpent	naibe
serpent venimeux	naibe dugologuad
seul (*personne*)	warguen
seulement	unni
siège	kana
silencieux	boo si
singe	sulu / suru
sœur (d'un frère)	buna / puna
sœur cadette	urba (d'une sœur seulement)
sœur aînée	ior (d'une sœur seulement)
soleil	dada / tada / dad dummad
sommet	pirri
sortir	noe (nosa ; noe)
souffrir	nunumake
sourd	yallile
sucre	sugar (*de l'anglais*)
surabonder	obine (obicha ; obinoe)

T

table	mesa / urgo
taire (faire)	bo imake
tante	amma / ammor
tapir	moli / yarmoli
tard	sedo
tatou	dede / uksi
terminer	osuloe / bergue
termite	samu
terre (*sol*)	olli
tête	nono
tirer	onoe
tissu	morgo
toit	uas
tombe	burguálet nega
tomber	arguane
tortue (de mer)	yauk
tôt (le matin)	waidararba
tôt (le soir)	sedoguena
toucher (de la main)	ebue (ebusa ; ebugoe)
toujours	kuskua / bali-bali
tout	pela / bela
tous	berguable / pelalagua
tousser	tollomake
toux	oo
traducteur	oduloged
traduire	oduloge (odulosa ; odulogoe)
transporter	sede (sesa ; sedoe)
travailler	arbae
tremblement de terre	negobandur
triste	buki-pinsa
triste (être)	buki-pinsae
tromper (se)	noale
trop	tokusa (*voir* : surabonder)
trouver	abinkue / amie
tu	be

tuer	oburgwe (oburgwisa ; oburgoe) / ibloe

V

vendre	uke (uysa ; ukoe)
venir	dage (noniki ; dagoe)
vent	burua / burwa / purua
il y a du vent	burua mai
ver	nusu
ver de terre	pachua
vérité	nabiragua / napiragua
vers (*direction*)	-siki (suffixe)
viande	san
vide (*adjectif*)	ollogua
vider	ollomake
vie	sapibenega
vieux	seredi / seret
village	neg-kuebur / nekuepur
vite	guae
très vite	guae-guae
voile (de bateau)	ur mola / urmol
voir	dake (daisa ; dagoe) / take / takue
voler (*oiseau*)	kukue
voler (*délit*)	atursae
voleur	atursaeti
vomir	age
vous (*pluriel*)	bemar

Y

yuca	mama

Lexique kuna-français

Attention, le **b** et le **p** sont souvent interchangeables de même que le **d** et le **t**, le **k** et le **g**, le **l** et le **r**, le **u** et le **w**. Pour faciliter la recherche des lecteurs, nous avons fréquemment mis le même mot sous plusieurs orthographes. Par exemple, **burwa** et **purua** pour le *vent* ; de même **gandule** et **kantule** pour le conteur kuna ou encore **wini**, *bracelet*, qui se retrouve aussi à **uini**. Il peut en être de même pour les mots comportant une voyelle longue, écrite redoublée ou non.

A

a / aa	il / elle
abagan	corps / parties génitales
abala	milieu / moitié / incomplet
abargine	au centre / au milieu
abarmake	courir
abe	sang
abe kuamailesa	gangrène
abe sipugusa	anémie
abeet	tomber amoureux
abelesuli	indésirable
abgana	corps humain
abgan kunnet poni	cancer
abin	devant / en face de
abingae	accepter
abinkue	trouver
abinsae	répondre
abintake	imiter
ablisa	sang
absala	poils du corps (sourcils…)
absoge	demander / discuter / lire
absogedi	grand chaman guérisseur
abtake / abitoge	attendre
abudila	poisson perroquet

Abya Yala	Amérique
acha	abeille / miel
achanisa	miel
achu	chien / grand félin
achu barbad	jaguar
achu ginnid	puma
achumigur	puma
achuelyola	herbe médicinale aromatique
adaride	égratigner
ae	chique (*insecte*)
agchuer	hameçon
age	cracher / vomir / vomissement
agu	oignon
aguakkálat	ail
ai	ami
aia	amie
aidege	baisser
aidie	pagaie / pagayer
aidir	pierre à aiguiser
aidoge	élever / hausser
ailae	tomber
ailasa	attaque d'épilepsie
aili	palétuvier
ailigan	mangrove
aimake	piquer
aimar	étranger
ainiet	lèpre
ainukke	se laver
aisabed	variole
aisuli	ennemi
aitee	descendre / débarquer
aitiki	lourd
akala	différent
akaloe	mentir
akan	hache
akartae	mal agir

akia	poisson de rivière
akkikine	éternuer
akkor	terrain pierreux / caillou
akku	menton / mâchoire
akkutailege	invisible
aku	*voir* akue
akua	pierre / récif
akua biski	corail
kannir akua	œuf (*de poule*)
akuanusagan	pierres médicinales
akuaser	araignée
akuasip	pierre ponce
akuatin	écueil
akue	cela ne convient pas / manquer de
aku	*forme des négatifs* (*préfixe* -in)
aku itolege	incompréhensible
akunika	rare
akutup	profond
akwie	creuser
ali	sortir
alie	perdre ses couleurs / déteindre
amba	aussi / de toute façon
ambayo	encore
ambegi	dix
ambegikakapak	treize
amie	chercher / trouver
amma	tante / femme
ammano	grenouille / crapaud
ammasel	sorte d'hirondelle
ampalakua	toujours
amu / amuke	trouble
an	je / moi / mon, ma
anayopi	le même / égal
angi	langouste tachetée
anmar / anmala	nous / notre

anmardaed	notre façon d'être (*culture kuna*)
anna	belle-sœur (*sœur du mari*)
annae	marcher
apagi	python / boa
aparmake	courir
apinkue	trouver
apinsoge	répondre
apo-apot	poumon
apsal	plume d'oiseau
apusa	fondu
arad / arara	vert / bleu
arba	travail / difficulté
arbae	travailler
arbatule / arbaedi	travailleur
arbi	*passé irrégulier du verbe* nae : aller
arbon nugar	harpon ('dent « harpon »')
argae	regarder / observer
argan	main
argan nukuena	poignée (*volume*)
argi	espèce de poisson
arguane	tomber
ari / arri	iguane (*comestible*)
arkaale	ouvert
arkue	serrer
arrat	bleu-vert
arsan	échelle
arti	lézard
asa / asu	nez
asapin	en face de
asirmake	déchirer
askine	en haut
askoaskodae	gémir
aspan	lézard / salamandre
asto / astoge	avant-hier
asu / asa	nez
ulu asu	proue

asubarit	foc ('voile de nez')
asue	avocat / avocatier
atakke	se réveiller
atale	cinq
atcha	abeille / miel
atsae	appeler (*en faisant des signes*)
attake	réveiller
attue	abri / couverture (*de lit*)
attuet sipu	drap de lit
atursae	voler (délit)
atursaeti	voleur
aurmake	brûler / cuire
aye	oui

B

bad	déjà
bai suli	peu importe
baiti	autre
bakaka	espèce d'oiseau (caracara)
bake	acheter
bali	une autre fois
baliwitur	esprit protecteur (genre d'ange gardien)
balu	sel
banaba	loin
bane	demain
bane-bane	tous les jours à venir
banegi	le lendemain
bangue	s'éloigner
bannu bannu nasike	suspendre
bar…suli	ne….plus
bardake	accompagner
barmie	commander / ordonner / envoyer
barsoge	expliquer
basu	verre à boire
be	1 tu / toi / ton / ta

	2 rester
bela	il n'y en a plus
ebo bela	les deux seulement / l'un et l'autre
bela-bela	fortement
bemar	vous / votre
bendake	aider
bennuke	payer
berbe	porter
berguable	tous / tout
bergue	terminer
bero	paresseux (*animal*)
bia ?	où ?
bialidi ?	d'où ?
bie	désirer (*suffixe*)
bigua ?	combien ? (*avec un préfixe de nombre*)
biibi	éventail
binaskar	poitrine
bini / binit	nouveau
binna / binnagua	lentement
binsa	gratuit
bipi / bipigua	bas / bon marché
bipi sae	rapetisser
bipisuli	haut / cher (prix)
birisae	faire la guerre / lutter
bisep	basilic
bo	silence
bo imake	faire taire
bo si	silencieux
boe	pleurer
boni	esprit du mal (*voir* : poni) / problème
bruteban	fruit à pain
bual	mât
buki pinsae	être triste
bukua	avoir
bulakua / bular	ensemble (*adverbe*)
bule	plus / supérieur / puissant

bule bangu ?	à quelle distance ?
bule itoge	être paresseux / paresse
buledi	vigoureux
buna	sœur (*d'un frère*)
bunolo	petite fille
bungid	amer
bunnoge	respirer
bunnu	queue (*d'un animal*)
bur	plus
burba	esprit / force occulte
burdie	nager sous l'eau / plonger
burgao	escargot
burguálet nega	tombe
burgue	empirer
burui	petits (*d'un animal*)
burwa	vent
burwa mai	il y a du vent

C

chara	espèce de poisson (kingfish)
chia	cacao
chichir	fourmi
chukula	boisson fermentée à base de cacao, canne à sucre, banane

D

dada	grand-père
dad dummad	soleil
dad Ibe	prophète mythique des Kunas
dador	ancien
dage	venir (noniki ; dagoe)
daisik	derrière (*adverbe*)
dake	voir
dakueloe	aller voir
dambe / tambe	glace / froid
dede	tatou

demmar	mer / marée
deobdibe	s'il en est ainsi
di	eau / rivière / pluie
di mata	flaque d'eau
di purua	vent qui apporte de la pluie (*vent d'Est*)
di wie	pleuvoir
di yake	tomber goutte à goutte
didorto	parapluie
dige / tige	semer / enterrer / planter
dikarba	à côté de
dinnagua	sec
diopi / diopigua	froid
diopisuli	chaud
dior	scorpion (voir : tior)
dipagua	mince / maigre
disla	ciseaux
dislaigala	chant des ciseaux (*fête de la coupe des cheveux*)
diwar	rivière
doa ?	qui ?
doamala?	qui ? (*au pluriel*)
dobe	craindre / avoir peur
dobed	peur
dodo	cormoran
dodoge	jouer
doe	avaler
doge	couler / sombrer
doidar	trop
dukwa sae	gonfler
dula	vivant
dulae	vivre
dule	indien / homme
dule seret	adulte
dule masi	nourriture traditionnelle des Indiens
dulegaya	langue kuna

dulup	langouste
dulup galu	casier à langouste
dummad	grand
dunnu oambague	grouper
dunnu dunnu	ride / pli
dupu / tupu	île
durdake	apprendre
durgue / turkue	vivre
durwie	balayer
dutu	fleur
dut sipunae	pâlir
dutugua	mou

E

e	*forme abrégée de* we
ebaye	retrousser
ebie	sortir un canot de l'eau / haler
ebinne	aiguiser
ebinne ogop	râper une noix de coco
ebise / epise	compter
ebo bela	tous deux / l'un et l'autre
ebue	toucher / palper / jouer (*instrument*)
echike	détacher / délier
edie	fermer
ya edie	fermer la porte
edinne	amarrer
edulet	pus
egiche / egise	demander (*voir* : ekise)
ekaale	ouvert
ekae / egae	ouvrir
ya egae	ouvrir la porte
ekise	demander
ekuae	choisir
ekuane	mettre une barque à l'eau
elie	effacer / nettoyer
emala	égal

emalpentakedi	avocat
emi	aujourd'hui
emi-emi	tout de suite
emiki / emiskua	maintenant
ena	plein / remplir
enae	donner des coups de pied / piétiner
enuke	laver
eoge	lancer / verser
epise / ebise	compter
esa	machette / couteau
esike	détacher / délier
eskoro	métal / fer / clou / machine
mormaket eskoro	machine à coudre
eskoronupit	acier
eskoropurigua	vis
esmet	marmite en métal
esnali	scie égoïne
esnargan	fougères de mangrove
esnas	ancre
esue	déshabiller
etare	éplucher / peler / tondre
esti	couteau / machette
estin bipi	petit couteau
etinne	attacher / amarrer
etsa	lointain
etsaadi	celui-là / celle-là
etsal	devant / en avant
euka	coquille (*œuf, noix de coco..*)
eye	oui
eyoge	verser / vider

G

gabdake	rêver
gabe	dormir
gae	prendre / faire payer / toucher (argent)
gaka / gaya	langue (*langage*)
dulegaya	langue kuna (*des Indiens*)
galu	site sacré
gammu	flûte
gammu burwi	flûte de Pan
gandi	lieu
gandur / gandule	chanteur-récitant (*pluriel* : gandurgan)
gani	avoir une dette / devoir
gannarba	fort / une seconde fois
garrakua	maigre
gay	canne à sucre
gegue	malade
giblo	faucon
gig	mouette
gobe	boire
goe	cerf
gole	appeler
Babse gole	prier (*appeler Dieu*)
gopet	boisson (*de* : gobe, boire)
gormake	crier / pleurer
gorrogua	mûr
guae	vite / rapidement
guae-guae	très vite
guagen	petits-enfants
guarguen	un (1)
guaserredi	sot / imbécile
guaye	effrayer
guebur	communauté
guenad	famille
guerkue	se réjouir
guia	morceau
guiblo	épervier (*oiseau*)

guigib	tamanoir / fourmilier
gumake	brûler (*intransitif*)

I

ia	frère aîné
iba / ibe	jour / soleil / temps
iba emitti	temps présent
iba nasatti	temps passé
iba taniekitti	temps futur
iba tuku	temps ultime / fin du monde
Ibeler	prophète kuna transformé en soleil
Ibeorgun	prophète, père de tous les Kunas
ibia	œil
ibia nisa	larmes
ibia suli	aveugle
ibigala ?	pourquoi ?
ibloe	tuer
ichegua	peu
ichomake	sauter
iduar	avant
ie	couper les cheveux
iege	oublier / pardonner
igal / igar	chemin
igala	chant de fête
igalsuli	imprudent
igar itoge	réunir
igi ?	comment ?
igi mergu?	combien ?
igid ?	quel ?
igli	espèce de fourmi
iko	aiguille
iko inna	fête du percement de la cloison nasale
iko yoe	faire une piqûre / vacciner
ilakalu	parois de la case (*en bois jointif*)
ile	mettre en ordre, à la file
imake	faire (*quelque chose*)

immar / immal — chose
immar durgan — animal
immar uked — vendeur / vendeuse (*vendeur de choses*)
ina — plante médicinale
inaduled — médicament traditionnel kuna
incher — début
indake — laisser
ingu ? inkuo ? — quand ? (*dans le passé*)
inmerba — repus
inna — chicha (*boisson fermentée de maïs*)
innikigua — droit (*adjectif*)
insae — se souvenir
intake — détacher / délier
iolo — sœur aînée
ipkue — marier
ipose — dans 2 jours
isbe — miroir / verre
isberuala — sapotille (*fruit*)
isganagua — mauvais / méchant
iskue / isgue — léser / nuire / pécher
ismie — éternuer
ispe — vitre / verre / miroir
isper — néflier (*arbre*)
ispeultale — lunettes
istar titaket — dysenterie
istarad — ennemi
itoge — sentir / ressentir / écouter
itoguetguen — une semaine
itogetnega — lieu de prière / temple
ittoge — croire
ittole — percevoir
ittolege — comprendre
itueti — habile / expert
iwile — anormal

K

ka	piment
kaa	herbe
kabe	dormir
kabi	café
kabor	sorte de piment
kachi / kas	hamac
kaibirba / kaibisel	amer
kaikir	pélican
kaka	1 bouche
	2 plus (*dans l'énoncé des nombres*)
kakansae	mentir
kakansaegua	menteur
kakula	lèvre
kala	os / instrument en os / sifflet / flûte
kalatuba	tendons
kallis	salive
kalu	poutre horizontale / mur / maison / lieu / danger
kalu ibaki	lieu de culte de la communauté
kalu koskun	lieu de réunion des chefs (sahila)
kami / kammi	pagaie / rame / aviron
kami sorgeet	aviron servant de gouvernail
kami suit	rame / aviron
kammie	ramer / pagayer
kammu/ kamu	longue flûte tenue verticalement
kampanuchu	prostituée
kamua	cou / gorge
kana	siège
kanir	poule / coq
kannar	1 de nouveau / encore
	2 trace / empreinte
kannar dage	revenir
kannarba	fort / une seconde fois
kannarbasoge	répéter
kantule	(*voir* : gandule)

karakue	amaigrir
karba / karpa	pannier / corbeille
kargerba	cher (*prix*)
karti	mauvais esprit / maladie
kas	hamac
keb	et
kebe	commencer
kege	on ne peut pas / impossible
keg / kei	*forme des négations* (*préfixe* : in-)
kei burgwe	immortel
keg nugue	incurable
kegkue	être malade
kekusa	fatigué
kenu	tique
kichi	sève
kiki purua	vent du Sud
kikir	pieuvre
kikir sorsikid	calmar
kilor / kilu	oncle
kingi / kinki	arc / fusil
kingupi	perdrix
kinnid	rouge
kipin	espèced'arbre
kisikui	sorte d'hirondelle
ko	doigt (*pluriel* : kogan)
kobe / gobe	boire
kokke	flûte de bambou sans trous
konasi	ongle / griffe / crochet
konu	doigt
korege	mûrir
korki / korgi	pélican
korki kole	petite flûte faite dans un os de pélican
kormake	crier
koroguad	jaune
kosibu	annulaire
kosuitti	médium (*doigt*)

kuabin	langue (*organe*)
kuabin galege	bégayer
kuae	vite / rapidement
kuage	cœur
kuakua	perruche
kuakuagua	prêt
kuala	balai
kualu / kualllu	lumière / huile pour la lampe
kualulege	naître
kuama	perdrix
kuamutiki	gros / gras
kuanu	arc-en-ciel
kuaria	épervier / oiseau de proie
kuchar	cuillère
kudurege	noirâtre
kuebur	communauté
kuennisuli	personne (*négatif*)
kugumake	entasser (*gerbes, fagots…*)
kui	1 moustique 2 peigne
kuichi	être / se trouver (*quand on est debout*)
kuidu	jarre / grande calebasse (*pour l'eau*)
kuili	perroquet / perruche
kuin	creux / vide
kuinkotup	fibre de cocotier
kuingua	perdrix
kuinguin	faisan
kuini	écureuil
kuipurui	espène de moustique
kuiskue	se lever / se soulever
kukin	épaule
kukue	voler (*oiseau*)
kukur	mouche
kulesa	piqûre (*d'insecte*)
kummake	se brûler
kummasa	brulûre

kunki	or (*se dit d'anciennes paroles kuna*)
kunne	manger
mas kunne	manger
kupi	cendre
kurgin	aptitude / habileté
kuskua	toujours / certainement
kutur	violet
kwala	balai
kwi	petit peigne
kwie	peigner

L

lalu	pagre (*espèce de poisson*)
larre	fumer (*viande, poisson…*)
larrare	fumé

M

macheret	monsieur
machi	fils
machi tumma	fils aîné
machunat	banane plantain
madu / madup	pain
mag itoge	comprendre
mag itolege	compréhensible
magabda	dehors
mageba	plante colorante aux vertus magiques
Mago	*être mythique, grand-père d'Ibeler*
mai	être (*lieu*) / habiter / se trouver
make	faire / coudre / avoir une activité
us make	chasser
mala	ciel
mali	racine
maliwar	jambe
mama /maama	yuca (*plante aux racines comestibles*)
manasibu	œuf
mandipurua	vent d'Ouest (*de Mandinga*)

mani	argent (*de l'anglais* : money)
maniibedi	riche
manisipu	œuf
mara	tonnerre
marko	dent de requin (*bijou*)
masar	roseau
masi	nourriture (*en fait* : banane plantain)
mas tued	cuisinier / cuisinière
maskagid	vert
maskun	manger / déjeuner
maskunnetiko	fourchette
masokunnet dule	restaurateur / hôtelier
mastuedi	cuisinier (*voir* : mas tued)
mata / matar	mare / lagune / flaque
matugua	bas / peu élevé
matusuli	haut / élevé
meket	canne à sucre
meketnega	maison d'hôte / auberge
mel / melle / mer	négation de l'impératif
memermake	voleter
merba	nombreux
mergi / merki	américain (du Nord)
mergikualu	pomme de terre
meryala	argent (*métal*)
mese	terminer
metet	en bas
mie / mete	lancer
mila	alose (*poisson*)
mimi	fille
miminika	accoucher / être enceinte
mimmi	bébé
miria / mir	alose (*poisson*)
mis / misi	chat
mit	fouet
moe	s'approcher
moga / moka	aussi

mogir	nuage
moka	aussi
mola	vêtement traditionnel / robe
molamake	coudre
molenukedi	lavandière
moli	tapir
molulu	valise / malle
morgaug	savon
morgo	tissu / toile
mormaket eskoro	machine à coudre
morro	tortue blanche
morsana	blouse (*partie sans dessins*)
mú / muu	vieille femme / grand-mère
muiskua	bon marché
mula	sorte de vautour
mulu / muru	cap
mummu	îvre
mungue	se soûler
murru	cap / péninsule
musguar	copal (*espèce d'arbre*)
musilnaga	ceinture
muskue	foulard
musuit	déluge
muswe	foulard
mutik / muttikit	nuit
mutumma	arrière-grand-mère
muyarbalit	arrière-grand-mère

N

nabiragua	vérité
nabiri / nabir	en vérité / bien / comme il faut
nabir soge	avoir raison / dire vrai
naboe	payer / offenser
nae	aller
naga	pied / jambe
nagubir / nagusi	pieu où suspendre le hamac

nagungude	crampe
nai	se trouver / être
naibe	serpent
naibe dugologuad	serpent venimeux
naibeniga	mille-pattes
naimuru	talon (*du pied*)
nainu	parcelle agricole / terrain cultivé
naka	embouchure (rivière) / delta
nak-karsimur	cheville
nakrus	croix
nakwa sae	élever / hausser
nakwe / nakue	monter / gagner (*argent etc.*)
dad nakwe	le soleil se lève
ulgi nakwe	embarquer
nala	bambou
nali	requin
nalu	ara (*oiseau*)
nalub	pixbae (*espèce de plante*)
namake	chant / chanter
nana	mère
nanae	marcher
napi	davantage / plus
napiragua	vérité
nappa	terre / argile
Napguana	Mère Nature, Terre-Mère
napsen	verrue
nar	bambou
narachole	citron vert
naras	orange
naras sole	citron vert
narkue	nier / refuser
narmake	écrire / dessiner
narmaketuledi	secrétaire / écrivain
nasi	flèche
nasisi	maracas (*instrument de musique*)

neg / nega	maison / case
inna nega	salle des fêtes (de la chicha)
onmaked nega	salle de réunion
neg burbaled	monde des esprits
neg-kuebur	village
neg sanaled	monde physique, visible
negigal	rue ('chemin des maisons')
negimba	intérieur de la maison / patio
negkapkuena	minuit
negobandur	tremblement de terre
nei dake	se promener
nekabikuen	minuit
nekuepur	village
nele	chaman / médecin traditionnel
nelegua	femme chaman
ni	mois / lune
ni perkusa	nouvelle lune
nia	esprit mauvais / diable
nia ina	médicament contre l'épilepsie
nia nega	enfer
niba	en haut
niba mai	se trouver en haut
niba nega	ciel / paradis
nidar	calebasse (*récipient*)
nidirbi	raie (*poisson*)
niga	gendre / neveu
	courage / audace / volonté
niiskua	étoile
nika	avoir
nikarba	abondant
nikkole	appeler / inviter
nikue	se marier
nirba	fil pour faire des hamacs
nisa	jus
nisalet	espèce de soupe épaisse
no	crapaud (*voir* : ammano)

noale	se tromper
noar sae	confondre
nobgue	être jaloux
nobgued	jalousie
noe	partir / sortir / déféquer
noga	tasse / calebasse (*récipient*)
nollo sae / nollo make	relâcher
noniki	*passé du verbe* dage : arriver / venir
nono	tête
nonsagual	cerveau
nonsuli	fou ('sans tête')
nosa	erreur / péché
nu	1 poitrine
	2 pigeon
nuchu	petite statue de bois (*esprit protecteur*)
nuchuakugua	jeunesse
nue	téter
nuedi	bon / bien / merci
nuedtae	aimable
nuegambi ?	tout va bien ?
nuettailege	beau / joli
nuga	nom / s'appeler
nug sorbalid	nom de famille
nugar / nugal	dent
nugal sulsuit	canine
nugal ungedi	dentiste ('arracheur de dents')
nugnu-uala	fromager / kapokier
nugue	s'appeler / guérir
nuknuk	éventail
nuksal	donner un nom / baptiser
nukue / nugue	guérir (*intransitif*) / être guéri
nulu	goyave
nunisa	lait
nunmake	avoir mal / douleur
nunmaked	douleur

nunu	pourri
nununbasoge	puer
nunup	collier de bois aromatique
nupep	espèce de pigeon
nusa	rat / souris
nusadul	œuf
nusu	ver / ver de terre
nutake	composer / arranger

O

oaged	plante purgative et vomitive
oba	maïs
obakale	de l'autre côté
obane	bouger / déplacer
obangue	éloigner
obasummake	balancer le hamac
obe	se baigner
obergue	éliminer
obine	1 être de trop / surabonder 2 virer / tourner (*voile*)
obinne	créer / faire des miracles
obunnoge	se reposer
obure	mélanger
oburgwe	tuer
ochi	ananas
odake	réveiller
odammiboed	plante fébrifuge
odimmake	réunir / accumuler
odege	baisser / faire descendre
odinnoe	sécher
odoue	mettre à l'intérieur
odundoge	étouffer
odungue	agrandir
ogabe	endormir
ogae	incendier / allumer (*lumière*)
ogekue	fatiguer

oginne	éteindre
ogob / ogop	cocotier
ogole	jouer d'un instrument de musique
oguae	changer
oguaye	effrayer (*transitif*)
ogumake	brûler (*transitif*)
ogwak kwarmake	bouillir
oiboe	commencer à faire jour
oiboge	se lever tôt
oina	plante contre la diarrhée
oisgue	léser / endommager
okalet	sorte de pot-au-feu
olae	abattre (*arbre*) / faire tomber
sapi olae	abattre un arbre
olasu	anneau nasal (*porté par les femmes*)
olli	terre (sol)
ollibi	sale
ollogua	vide
ollomake	vider
ollor	cigale de mer
olmake	réunion / assemblée
Olodualigipileler	divinité de la lune, *père d'Ibeler*
Olokuadule	*être mythique, grand-père d'Ibeler*
olouidoeginya	nom traditionnel de la langouste
Olourgunaliler	roi des vents, gendre d'Ibeler
omae	nourrir (*un animal*)
ome	femme / épouse / femelle (*animal*)
ome nikue	se marier (*pour un homme*)
omegid	homosexuel
omoge	arriver
omukue	démolir
omungue	soûler
onakue	élever / hausser
onmakke	réunir
onmaked nega	maison commune (*lieu de réunion*)
onoe	tirer

onugue	soigner (*transitif*)
onukue	nommer / désigner
opurke	tuer
opure	mélanger
ordub / ortub	collier en or
osi / ossi	ananas
osie	asseoir (*transitif*)
osugue	allonger / rendre plus long
osuloe	terminer
otake	se réveiller
otukuale	caché
oturdake	enseigner
oyegue	fatiguer
oyoge	indiquer
oyokue	perdre

P

pachua	ver de terre
paka	baleine
pake	acheter
pala	bru / belle-fille
palu	sel
pane	1 demain
	2 mouette
panekine	le jour suivant
panemalo / panea	à demain / au revoir
panna ?	jusqu'où ? / jusqu'à quand ?
pane-pane	tous les jours / chaque jour
pansus	oiseau-mouche / colibri
pariati	pétrole / goudron
parkae	atteindre
parmaiye	faire un effort
parmeket	vergue
partake	accompagner
paruisoe	imiter
parya	goudron / calfat

páskua	crevette
pasuli	peu importe
pato	puis / ensuite
patya	descendre
pe	tu (*voir* : be)
pebe	front
pebeabsala	sourcils
pegine	trébucher
pela	tout / tous
pelatule	tous les hommes
pemala	vous (*pluriel* ; *voir* : bemar)
pemka	grandes feuilles de palmier
penkue	devenir lourd
pentake	aider / protéger
pentaket	aide / défenseur
penuke	payer
perkuable / perkuapa	tout / tous
pia ?	où ?
piban	toile d'araignée
picha	pagne intérieur
pichisa	blessure / douleur physique
pie	appeler
pikua ?	combien ? (*avec un préfixe de nombre*)
pili	plus / davantage
Piller	tyran mythique, oppresseur des Kunas
pina	1 herbe 2 foie
pinaskal	poitrine
pinastekikua	peu à peu / doucement
pini	neuf / nouveau
pinke	honte
pinnu	cola
pioke	clouer
pippi	petit
pirka	année (*voir* : birga)
pirre	revenir (*au point de départ*)

pirri	sommet / pic / extrême
pirya	tourbillon
piski	coude
piti ?	qui ?
pitisiki ?	par où ?
pitu	espèce d'oiseau bleu
po	brume
poe	pleurer
poni	maladie / mauvais esprit / maléfice
poni silisilit	asthme
poo !	*interjection pour appeler quelqu'un*
pookua !	laisse-moi tranquille
pormo	pot / marmite / récipient
pu / pukkidara	beaucoup
puar / puarra	poteau central d'une case (*symbolise le chef*, sahila)
pubuta	poumon
pudallitoe	se sentir fatigué
puget	vengeance
puget sae	se venger
pukki	sentiment moral
pukkidara	assez / beaucoup
pukkipincha	tristesse
pukru	sorte de calebasse
puksugalu	justice
pule	plus / supérieur
pulichekua	moins
pulu	guêpe
puna	jeune femme vierge
punnu	cola
pur / bur	plus / *préfixe du superlatif*
purba	esprit / âme
puri	oiseau bleu
purke / burge	mourir
purkue	empirer / s'aggraver
purmieti	mieux / meilleur

puru	cendre / fruit de l'arbre à pain
purua	vent

S

sa	1 pulpe
	2 ordure
saban	ventre
saban burguisa	faim
sabdur	génipape (*plante médicinale*)
sabe / sabgue	aimer
saboe	gerder / conserver
saboge	économiser / épargner
saburedi	jupe kuna
sadib / sadib kuali	diarrhée
sadue	excréments / déféquer
sae	1 hier
saeyob	comme hier
	2 faire
	3 espèce d'iguane
sae dake	détester
sagir burwa	vent du Nord-Ouest
sagu / saguya	poche /bourse
saila / sahila	cacique (*chef coutumier*) / chef
sailagia	cheveu
sailasapi	tronc d'arbre
saka	beau-père / belle-mère
sakan	plume / branches d'un arbre
sakangid	arête de poisson
saki / sakki	nid / filet de pêche
sakie	bosseler / meurtrir
sakua	bras
sakua mettegua	manchot
sakumake	mastiquer / mâcher
salu	alcatraz (*sorte de pélican*)
samu	1 corozo (*ivoire végétal*)
	2 termite

samuru	intestins / tripes
san / sana	viande / fruit
sana?	quand? (*dans le futur*)
sanmake suli	arbre non fruitier
santuba	nerfs
sanua	épouse, femme
sapi	arbre
sapi nega	maison de l'arbre (*paradis des Kunas*)
sapika	feuilles
sapile	côté droit
sapiledi	gauche (direction)
sapilesiki	à gauche
sapilet	gaucher
sapingua	jeune (*pour un garçon* : 'petit arbre')
sapiturba	fruit
sapkaalet	vert
sapkue / sabgue	aimer
sapur	bois / forêt
sapur dule	paysan / agriculteur
sargui / sarki	liane (*pour attacher*)
sarsoe	punir / battre
sasir	ceinture
saya	anus
saye	sans goût
sedage	apporter
sede	porter / transporter
sedo	tard / dans la soirée
sedoge	le soir
sedoguena	tôt le soir
sedomala	à ce soir
segala	allumette
sekar	étoile / étincelle
senia	aisselle
senik	petit
seredi / serred	vieux
serkuuet	puberté

seruet	âge
set	inutile / ordure
sete / sede	porter
setogi	soirée / nuit
si	être / se trouver (*quand on est assis*)
sia	nièce
sia / siagua	cacao
sibat	chèvre
sibeb	scarabée
sichid / sichugua	noir
sidorsae	chatouiller
siga / sika	barbe / poils
siga ie	raser la barbe / couper les cheveux
sie	mettre / placer
sigagid	antenne de langouste
sigli	dindon de montagne
siirmake	nager
sike	couper
siku	flèche
sikwi / silu	oiseau
sikwikalu	cage d'oiseau
simu	nombril / cordon ombilical
sinakalu	porcherie
sini	porc
sinni sige	incliner
sipu / si	albinos / blanc
sipuguat	blanc (*couleur*)
siputiki	homme blanc
sisa	eau-de-vie / alcool
sitna	martin pêcheur
siye	couper (voir : sike)
siyili	dindon
so	feu / bois de chauffage
so nega	cuisine (*le local* : maison du feu)
sobe	construire une maison
nei sobedi	constructeur de maison

soe	(voir : sue)
sogak	cuisine
soge	parler / dire
sogetkine	selon
sogisa	promesse ('il a dit')
sokun	charbon
soni	bouillie de maïs
soogaya	cuisine (*le local* : 'endroit du feu')
sor	fesses
sorba	après
sorbasikiti	dernier
sorbiri	poutre horizontale
sordimul	gouvernail (*bateau*)
sorgar	reins
soul / sour	canoë / barque
soulkukualet	avion
sua	arbuste (prunier d'Espagne)
suara	bâton
suarib	gardien de la paix volontaire
suarra	espèce de flûte
sucha	sale
suchu	papillon
sue	1 prendre
	2 arc-en-ciel (*voir* : suue)
suga	crabe
sugachu	carcajou (*mammifère*)
sugnan	crabe de rivière
sui	mari / épouse / conjoint
sui nikue	se marier (*pour une femme*)
suibir	crabe blanc de sable
suidawar	bras
suimurmurut	crabe de mer
suir	caille (*oiseau*)
suirikua	propre
suit / suiti	long / haut
suiti / suitti	annone / corossol (*fruit*)

sukal	sucre
sukna	crabe (*voir* : suga)
sukun	baie / golfe
sule	petit mammifère tacheté, proche du lapin
suli	non / ne…pas / *suffixe de négation*
sulile	peut-être
sulu	singe
sulup	aigle
suna	pouvoir (verbe)
suna soge	pouvoir parler
sunmake	parler
sunmakegua	bavard
sunnasuli	sale
sunnasur yapanne	infect / puant / ennuyeux
suppe	flûte
surba	enceinte où se pratique l'accouchement
surkue	manquer de
suru	singe
susu	frère
susu ome	belle-sœur (*épouse du frère*)
sutnagua	pouvoir (*verbe*)
suu	ficus (arbre considéré comme sacré)
suue	arc-en-ciel

T

tabgala	héron
tabu / tabugara	espèce de poisson (genre de brochet)
taedi	coutume
tage	(*voir* : dage)
taim / tain	caïman
Takan Kuna	montagne sacrée (près de la Colombie)
take / takue	voir
tambe	glace / froid
tana	cacaoyère

tani / taniki	venir / arriver
tapa / tappa	vipère
tarkana	au centre de
tarpoguat	double/ jumeau
tasi	renard
tata	grand-père
tatolo	arrière-grand-père
tegite	salut !
teki / tegi	ainsi
tekimalo / tegimala	au revoir
ti	eau / rivière / pluie
tia	puits
tian	ruisseau
tibalet	entonnoir
tibia	araignée (non vénéneuse)
tibie	frire
tibiet	poële à frire
tibur	calebasse (pour la chicha)
tidi	iguane non comestible
tigannat	courant (d'eau)
tige / dige	semer / enterrer
tikal	côté
tikala	hanches
tikasuli	loin / il y a longtemps
timoli	hippocampe
timur / timmur	huître / coquille
timurakua	perle ('pierre de coquille')
tior / tiol	scorpion
tiuar	rivière
tiuartukusegua	en amont
tiuaryasega	en aval
tiur	genre de sardine d'eau douce
toa ?	qui ? (*voir* : doa)
tobe	craindre
tobegua	craintif
tobekuakuasae	faire peur

tobkue	craindre
todal	beaucoup
todo	cormoran
toga	assez / beaucoup
toge	entrer
tokusa	trop
tolo	flûte
tollomake	tousser
tomomake	nager
tordo	mousticaire
totiual	cormoran
tua	jambe / cuisse
tuba	fil / liane / chaîne / fibre
tue	cuisiner / assaisonner
tugu	espèce de colin (*poisson*)
Tuiren	*héros mythique*
tukar	cou
tukue	se cacher
tula / dula	vivant
tulae / dulae	vivre
tulasur itoge	désespérer
tule / dule	homme / indien
tulet	pus
tulugua	crevette
tulup	langouste
tummat	grand
tunkue	grandir / croître
tunsil	étroit
tunue	fichu de tête
tunyar	nuque
tupgua	îlot
tupu / dupu	île
tupugana	archipel (*pluriel de* tupu)
turkubali	ressusciter
turkue / durgue	vivre
tutu / tutur	fleur

tutugua	blanc / tendre (*cloison nasale*)
tutukalu	jardin / parc
tututigedi	jardinier
tuu	figuier

U

ua	poisson
ua kukualet	poisson volant
ua sikwi	poisson volant
ua soe	pêcher
uachi	heure
uaduk	oreille
uaga	étranger / Espagnol
uagal / wagar	visage
uagasan	joue
uagat	porte
uagat pipi	fenêtre
uagaya	espagnol (*langue*)
uagi	dauphin
Uagmala	Blancs (*pluriel du précédent*)
Uago	le premier homme (l'Adam des Kunas)
uagup	igname
uala	pieu / bois / tronc d'arbre
ualikue	s'approcher
uana	pénis
uane	conseiller (*verbe*)
uanna	cimetière
uanu	ronce / terrain broussailleux
uanunur	morue
uar	tabac
uarakuakua	allongé / étroit
uarkue	se mouiller
uarragua	mouillé
uarsob	espèce d'arbre
uartiki	humide
uas	toit / chaume pour le toit

uasi	se chauffer au soleil
uasoe / ua soe	pêcher
uasoeti	pêcheur
uatibiet	poêle
uaya	oreille (*partie interne*)
uayalile	sourd
uba	mari de la sœur
ubi	poudre / farine (de maïs)
udu	moisissure
udupi	moisi
ue	chaud / chaleur / fiévreux / sentir
ueban	là-bas / au loin
uedar	pécari
uedi	chaleur
uega	espèce de singe
uegine	ici
uele	vague (*nom féminin*)
ueleked	fièvre
ueliguale	heureux / joyeux
uellege	malade
ueruere	toucan
ueue	puce
ugia	nid
ui	salive
uidke	siffler
uila	profond
uila su	profondeur
uilege	souffrir / être pauvre
uile dake	avoir pitié
uilesa	triste
uilupdake	essayer / expérimenter
uilupsae	égaler
uimake	suer
uimaket	sueur
uini	(*voir* : wini)
uiniarganmatar	verroterie des bracelets

uinnae	uriner
uirba	très profond
uis	peu
uysa	vendre (*au passé*)
uisae	répéter
uisi	savoir / connaître
uisir	chauve-souris
uiskue	informer
uitchuli	ignorer
uka	cuir / peau / écorce
uka aimake	avoir des démangeaisons
uka ina	médicament pour la peau
uka surigua	nu / déshabillé
uke / ukke	donner / vendre
ukku	faim
uksi	tatou
uksin	espèce de chauve-souris
ukumese	avoir faim
ukup	plage / sable
ukuppi	sablonneux
ukurba	faim
ukusuli	lourd / très plein
ukusulu	tatou
ukuukua	léger (*poids*)
ulachui/ ulasu / ulu	pirogue
ulal / ular	mancenillier (*arbre à fruits vénéneux*)
ulugua / ulupa	caisse / malle
unae	conseiller
unni	seulement / suffisant / être possible
unus	petite sardine
upi	farine de maïs
upsan	coton
ur mola / urmor	voile de pirogue
urbe	étendre(*drap etc.*)
urgo	bois / table
urgo sormatar	barrer (*un bateau*)

urgokambiri	gouvernail
urgokiakua	quai (*de port*)
ursili	sauvage / ennemi
ursor / ur sola	poupe (*de la barque*)
ursor buar	mât
urue / urwe	se fâcher / se mettre en colère / lutter
urwerba	sauvage
us	agouti
us make	chasser
usir	chauve-souris
usu	agouti (petit mammifère de la forêt)
us make	chasser ('faire l'agouti')
uu	nid
uurmake	murmurer

W

waga	(*voir* : uaga)
wagar	visage
wagar ue	embrasser
waidar	le matin
waidararba	très tôt le matin
wakaya	espagnol (*langue*)
wakinne	fuir / s'enfuir
warguen	un / seul
warakua sae	amincir
warbipisuli	gros
wasa	jeune cerf (encore sans cornes)
we	1 il / elle / lui 2 son / sa 3 ce (démonstratif)
wegi	ici
wemar	ils / elles / leur
werup (weruk)	palmier / feuilles de palmier
wesar	cuillère
wesiki	là-bas
wewe	sandragon (*arbuste*)

wi	salive
wichuli	ignorer
wichurmo	je ne sais pas
(di) wie	pleuvoir
wiegala	paresseux (*adjectif*)
wigoe	siffler
wilege	prier
wileged	mendiant / pauvre
wini	ornement des femmes couvrant les mollets et les avant-bras
winnae	uriner
winsus	urine
wis	S.V.P. (*dans une demande*) / sais-tu ?
wise	qui sait ? / va savoir / je ne sais pas
wisgue	informer / renseigner
wisi	savoir (*verbe*)
wisir	chauve-souris
witchuli	ignorer

Y

ya	trou / porte / caverne
yaba	à l'intérieur
yabi	clé / serrure
yada	abeille
yaedie	fermer la porte
yaegae	ouvrir la porte
yagua / yaakua	mademoiselle / vierge
yaikirikua	silencieux
yakkine	intérieur
yala / yar	colline / montagne / territoire
yallile	sourd
yamudae	feindre / simuler
yamudaeti	hypocrite
yannu	grand pécari
yapa / yappa	ne pas aimer (*suivi d'un verbe*)
yapa / yapali	à l'intérieur

yapanet	odeur
yapanna	avoir une odeur / sentir
yape	clé
yappa	je ne veux pas / je n'aime pas
yar imake / yar sae	détruire
yarbi	anguille / murène
yargan	dos
yargan mureget	bossu
yargan nunmaket	douleur de dos
yarolo	colline
yartake / yatake	affronter
yaugag	porte
yauk	caret (*tortue de mer*)
yegusa	fatigué / épuisé
yelkulege	bon (*au goût*) / savoureux
yer / yel	bien, bon (*souvent en préfixe*)
yelittoe	content / se réjouir
yelkullege	bon au goût / savoureux
yelyapanna	sentir bon
yer dailege	joli
yer itoge	joli
yerba !	très bien !
yoaled	grillé
yobi / -yob	égal / comme
yoe	habiller / garnir / assaisonner
yokor / yokkor	genou
yokkorgisige	s'agenouiller
yokue	perdre / être perdu
yola	sécheresse
yola purua	vent du Nord (*sec*)
yolaiba	été ('temps sec')
yolege	fouler aux pieds / écraser
yolo	sœur aînée
yorkumai	s'arrêter de pleuvoir
yoruku / yoorukku	midi

Bibliographie

Remi Henriquez : *Hable kuna*, Audocyt, Panama, 2002

James Howe : *Un pueblo que no se arrodillaba*, Plumsock Mesoamerican Studies, South Woodstock VT, USA, 2004

James Howe : *Cantos y oraciones del Congreso Cuna*, Editorial Universitaria, Panamá, 1979

Dr José Manuel Reverte Coma : *Bioetnografia de los Indios cuna*, éditions du musée d'anthropologie Médice-Forense, Madrid, 2001

El matrimonio entre los Indios cuna de Panama, librairie Exedra Books, Panama

Michel Lecumberry : *Molas y tradiciones kunas*, Txango publications, Panama, 2004

Jorge Ventocilla et alia : *El espiritu de la tierra*, éditions Icaria, Barcelone, Espagne

Françoise Guionneau-Sinclair, Françoise : *Las Tierras Amerindias y la legislación panameña*, dans les cahiers d'anthropologie, Universidad de Panamá. 1991

Mac Chapin : *Pab Igala. Historias de la Tradición Kuna* (compilation), Colección 500 Años, Ed. Abya Yala, Quito, Ecuador, 1989.

Jorge Morales Gomez : *Contactos Culturales en el Golfo de Urabá: la Evangelización de los Cuna*, dans *América Indígena* Vol.XXXII, N°4, III, México, 1972.

Joel Sherzer : *Kuna Ways of Speaking*: an ethnographic perspective,University of Texas Press, Austin, Texas,USA. 1997.

Les photos sont d'Elisabeth de Vathaire

et

les cartes de Stéphanie Vienne

501215 - septembre 2012
Achevé d'imprimer par

1livre.com
du rêve à la réalité !